전면개정 제37회 공인중개사 시험대비 동영상강의 www.pmg.co.kr

브랜드만족
1위
박문각

2026

김상진 필수서

2차 | 공인중개사법·중개실무

합격
결정!

박문각 공인중개사

JN412598

이 책의 머리말

협력(協力)하여 선(善)을 이루는 우리!

공인중개사 자격증이 국민자격증이 된 지도 꽤나 많은 시간이 지났지만, 여전히 부동산에 대한 국가전문자격증은 "공인중개사" 자격증이 유일(唯一)합니다.

우리가 부동산을 떠나서 살 수도 없고, 부동산을 통한 자산증식과 재(財)테크는 지금도 여전히 그 위력이 대단합니다. 부동산투자나 개발업을 하시든, 부동산임대업을 하시든, 부동산매매업을 하시든, 부동산중개업을 하시든 국가자격증인 공인중개사 자격증 취득에 필요한 기본 지식과 소양은 기본적이고 필수적임에는 변함이 없습니다.

이 책은 국가공인중개사 자격증을 취득하기 위하여, "전략적"이고 "효율적"으로 공부를 하고자 만들어진 책입니다. 이 책은 방대하고 평면적인 기본서의 내용을 "입체적"이고 "체계적"으로 정리하고 반복하기 위한 "핵심요약집"이면서, 잘 정리된 "수험서"의 역할을 충분히 할 것이라 확신합니다!!

2026년 공인중개사법 · 중개실무 "필수서(요약집)"의 특징은 다음과 같습니다.

01 · "2025년 개정사항"을 모두 반영하였습니다. 실무교육 시간의 변경 등 그동안의 개정사항을 모두 반영하였습니다.

02 · 시험에 반드시 출제되는 출제포인트를 "도표"로 정리하여 "가독성"과 "반복성"을 동시에 극대화하도록 설계하였습니다.

03 · 실제로 출제된 "기출문제"의 핵심 지문을 당해 내용에 바로 첨부를 하여, 실전에 빠르게 적응할 수 있도록 하였습니다. "기출지문"의 필요성은 아무리 강조해도 지나침이 없습니다. "기출지문"은 반드시 다시 출제됩니다!!

본서(本書)의 지속적인 "반복" 학습을 통하여 공인중개사 시험 2차 과목 중 "공인중개사법 · 중개실무" 과목에서 반드시 고득점을 하셔서, 충분하고도 넉넉하게 시험에 꼭 "필승합격(必勝合格)"하실 것입니다. 반드시 그렇게 되도록 되어 있습니다. 파이팅~~!!!

네 평생에 너를 능히 대적할 자가 없으리니
내가 모세와 함께 있던 것 같이 너와 함께 있을 것임이니라
내가 너를 떠나지 아니하며 버리지 아니하리니 강하고 담대하라
너는 내가 그들의 조상에게 맹세하여 그들에게 주리라
한 땅을 이 백성에게 차지하게 하리라.
(여호수아 1: 5~6)

2025년 12월
편저자 김상진 배상

ⓑ 김상진의 공인중개사법(전국 1타 수험생)
https://band.us/band/86052732

CONTENTS

이 책의 차례

Thema 01 공인중개사법의 제정목적과 용어 · · · · 8

Thema 02 중개대상물과 중개대상 권리 · · · · 11

Thema 03 공인중개사 시험제도 · · · · 15

Thema 04 공인중개사 정책심의위원회 · · · · 18

Thema 05 교육제도 · · · · 20

Thema 06 중개사무소개설등록(요건 및 구비서류) · · · · 23

Thema 07 중개사무소 개설등록(절차 및 제재) · · · · 25

Thema 08 결격사유(중개업 종사 및 등록) · · · · 28

Thema 09 개업공인중개사의 업무범위 · · · · 32

Thema 10 고용인(사용인, 직원) · · · · 35

Thema 11 중개사무소 설치 및 이전 · · · · 38

Thema 12 인장등록 · · · · 43

Thema 13 중개대상물 광고 및 모니터링 · · · · 45

Thema 14 휴업과 폐업 · · · · 48

Thema 15 기본윤리와 중개계약 · · · · 50

Thema 16 일반중개계약서와 전속중개계약서 · · · · 53

Thema 17 확인 · 설명의무 · · · · 58

Thema 18 확인 · 설명서 서식 · · · · 61

Thema 19 거래계약서 작성의무 · · · · 70

Thema 20 예치제도 · · · · 72

Thema 21 금지행위(법 제33조) · · · · 74

Thema 22 손해배상책임과 업무보증설정의무 · · · · 79

Thema 23 중개보수 · · · · 83

Thema 24 부동산거래정보망 · · · · 87

Thema 25 공인중개사협회 · · · · 90

Thema 26 보칙(보충규칙) · · · · 94

Thema 27 행정처분, 과태료, 형벌 · · · · 98

Thema 28 부동산거래신고제도 · · · · 108

Thema 29 토지거래허가제도 · · · · 122

Thema 30 외국인의 부동산 취득에 대한 특례 · · · · 127

Thema 31 부동산 거래신고법상의 포상금제도 · · · · 130

Thema 32 중개실무 관련 중개대상물 조사 · 확인 · · · · 132

Thema 33 분묘기지권 및 장사법 · · · · 134

Thema 34 농지취득자격증명제 · · · · 137

Thema 35 부동산거래계약 전자시스템(전자계약) · · · · 139

Thema 36 중개실무상 등기 관련 · · · · 140

Thema 37 주택임대차보호법 · · · · 143

Thema 38 상가건물 임대차보호법 · · · · 149

Thema 39 민사집행법상의 법원경매 · · · · 152

Thema 40 매수신청대리(대법원규칙) · · · · 156

Thema 41 집합건물의 소유 및 관리에 관한 법률 · · · · 160

박문각 공인중개사

공인중개사법·중개실무

Thema 41

공인중개사법의 제정목적과 용어

(1) 법의 목적(법 제1조)

이 법은 공인중개사의 업무 등에 관한 사항을 정하여 그 전문성을 제고하고 부동산중개업을 건전하게 육성하여, 국민경제에 이바지함을 목적으로 한다.

(2) 용어의 정의(법 제2조)

① '중개'라 함은 법 제3조의 규정에 따른 중개대상물에 대하여 거래당사자 간의 매매·교환·임대차 그 밖의 권리의 득실변경에 관한 행위를 알선하는 것을 말한다.

② '중개업'이라 함은 다른 사람의 의뢰에 의하여 일정한 보수를 받고 중개를 업으로 행하는 것을 말한다.

③ '개업공인중개사'라 함은 이 법에 의하여 중개사무소의 개설등록을 한 자를 말한다.

> **기출** 이 법 제2조상의 '개업공인중개사'라 함은, 이 법에 의하여 중개사무소 개설등록을 한 공인중개사를 말한다. (×)

④ '공인중개사'라 함은 이 법에 의한 공인중개사 자격을 취득한 자를 말한다.

> **기출** 공인중개사라 함은 이 법에 의하여 공인중개사 자격을 취득하여 중개업에 종사하는 자를 말한다. (×)

⑤ '소속공인중개사'라 함은 개업공인중개사에 소속된 공인중개사(개업공인중개사인 법인의 사원 또는 임원으로서 공인중개사인 자를 포함한다)로서, 중개업무를 수행하거나 개업공인중개사의 중개업무를 보조하는 자를 말한다.

> **기출** 이 법 제2조상의 '소속공인중개사'에는 공인중개사로서 법인인 개업공인중개사의 임원 또는 사원은 포함되지 않는다. (×)

⑥ '중개보조원'이라 함은 공인중개사가 아닌 자로서, 개업공인중개사에 소속되어, 중개대상물에 대한 현장 안내 및 일반서무 등 개업공인중개사의 중개업무와 관련된 단순한 업무를 보조하는 자를 말한다.

(3) 중 개

① 중개행위의 성격

- ㉠ 부동산 중개행위는 거래당사자의 거래계약(법률행위) 체결을 도와주기 위한 보조행위이면서 '사실행위'에 해당된다.
- ㉡ 부동산 중개행위는 영리를 목적으로 하는 '상행위'에 해당한다.
- ㉢ 부동산 중개는 재산상의 법률행위인 부동산의 교환·매매·임대차 등의 계약을 중개하는 민사중개에 해당된다.
- ㉣ 쌍방중개(쌍방의뢰)뿐만 아니라, 일방중개(일방의뢰)도 중개의 한 형태이다.

② 중개행위 해당 여부의 판단은 '객관적'으로 사회통념에 따라 판단하며, 행위자의 주관적 의사에 의하여 결정되는 것이 아니다.

(4) 중개업

① 중개업의 의의

- ㉠ 부동산 '중개업'은 다른 사람의 '의뢰'에 의하여 일정한 '보수'를 받고 중개를 '업으로' 행하는 것을 말한다.
- ㉡ 일정한 '보수'를 받지 않은 것은 중개업에 해당하지 아니한다.
- ㉢ 중개를 '업으로'(직업적으로, 계속적·반복적으로, 영리를 목적으로) 하지 아니한 경우에는 중개업에 해당하지 아니한다. 그러므로 우연한 기회에 단 1회 중개를 한 것은 중개를 업으로 한 것은 아니다.

② 중개업의 요건

다른 사람의 의뢰	㉠ 중개업에 해당되기 위해서는 일단 다른 사람의 중개의뢰를 받아야 한다. ㉡ 부동산 중개에 대한 의뢰를 의뢰인 쌍방으로부터 받을 수도 있고, 일방으로부터만 받을 수도 있다. ㉢ 중개의뢰를 받아 중개의뢰인과 개업공인중개사 사이에 중개(의뢰)계약이 체결되어야 한다.
일정한 보수를 받고	㉠ 중개업에 해당되기 위해서는 (중개)보수를 '현실적으로 받아야' 한다. ㉡ 보수를 받기로 약속·요구에 '그친 경우'에는 중개업에 해당하지 아니한다(대판 2006도4842).
중개를 '업'으로 행하는 것	㉠ '업(業)으로 행한다'라는 의미는 직업적으로 행한다는 의미이다. 즉, 불특정 다수를 대상으로 계속적·반복적으로 영리를 목적으로 하는 것을 말한다. ㉡ 우연한 기회에 단 1회 중개를 한 것은 '중개업'에는 해당되지 아니한다(판례). ㉢ 부동산중개업은 개업공인중개사(등록을 한 자)만 할 수 있으며, 무등록 중개업은 처벌된다. ㉣ 중개업은 본업이며, 겸업(분양대행, 권리금 알선 등)과는 구별된다.

③ **중개와 중개업의 구별**

　㉠ 무등록인 상태에서 '중개업'에 해당하는 행위를 한 경우에는 3년 이하의 징역 또는 3천만원 이하의 벌금으로 처벌된다.

　㉡ 무등록인 상태라도 '중개업'에 해당하지 '않는' 경우에는 처벌되지 아니한다. 즉, 무등록 중개는 처벌되지 아니한다.

⑸ **개업공인중개사**

① **의의** : '개업공인중개사'란 이 법에 의하여 중개사무소를 개설'등록'을 한 자를 말한다. 공인중개사 '자격증의 유무와 상관 없이' 중개사무소를 두고자 하는 지역을 관할하는 시장·군수 또는 구청장에게 중개사무소 '개설등록'을 한 자를 '개업공인중개사'라고 한다.

② **종류** : 개업공인중개사에는 ㉠ 법인인 개업공인중개사, ㉡ 공인중개사인 개업공인중개사, ㉢ 부칙상의 개업공인중개사(부칙규정에 따라 등록을 한 것으로 보는 자, 이른바 복덕방 중개인)가 있다.

주의

부칙규정에 따라 등록을 한 것으로 보는 자(부칙상 개업공인중개사)

1. 부칙상의 개업공인중개사는 법인인 개업공인중개사 및 공인중개사인 개업공인중개사가 아닌 자로서 중개업을 영위하는 자를 말하며, 「공인중개사법」 부칙 제6조에 근거하여 중개사무소 개설등록을 한 것으로 보는 자(등록을 한 것으로 의제되는 자)를 말한다.

2. 이는 소위 복덕방 시절부터 지금까지 계속 중개업을 해 오던 기득권자로서, 이 법에 따라 등록을 한 것으로 의제되어 개업공인중개사에 포함된다. 하지만 공인중개사 자격이 없기 때문에, 지금은 폐업을 하거나 등록이 취소된 경우에는 공인중개사 자격을 취득한 이후에 공인중개사인 개업공인중개사나 법인인 개업공인중개사로 등록을 하여야 한다.

중개대상물과 중개대상 권리

Thema 02

1 중개대상물

주의

중개대상물

1. 중개대상물은 개업공인중개사만이 직업적으로 중개업을 할 수 있는 개업공인중개사의 고유하고도 전속적인 중개의 대상이 되는 물건(부동산)이며, 일반인은 이에 대하여 중개업을 할 수 없으며, 위반시에는 무등록 중개업으로 처벌이 된다.
2. 중개대상물에 해당되려면, 일단은 「공인중개사법」 제3조와 동법 시행령 제2조에 규정된 물건이어야 하며, 성격상 사적(私的)소유의 대상으로서, 거래가 가능(거래가능성)하고, 중개가 가능(중개가능성)하여야 한다(서울행정법원 2004구합4017).

법 제3조【중개대상물의 범위】 이 법에 의한 중개대상물은 다음 각 호와 같다.

1. 토지
2. 건축물 그 밖의 토지의 정착물
3. 그 밖에 대통령령으로 정하는 재산권 및 물건

영 제2조【중개대상물의 범위】 법 제3조 제3호에 따른 중개대상물은 다음 각 호와 같다.

1. 「입목에 관한 법률」에 따른 입목
2. 「공장 및 광업재단 저당법」에 따른 공장재단 및 광업재단

법 제3조	① 토 지

① 토 지
  ㉠ 토지는 부동산으로서, 당연히 중개대상물에 해당된다.
  ㉡ 토지의 종류는 불문(택지, 산지, 농지 등)한다.
  ㉢ 1필지 토지의 일부도 거래가 가능한 용익물권이나 임대차 계약 등의 대상으로는 중개대상물에 해당한다.
  ㉣ 지번이 아직 특정되지 아니한 대토권(代土權)은 중개대상물에 해당되지 않는다.
    판례 대토권(代土權)
    대토권은 이 사건 주택이 철거될 경우 일정한 요건하에 택지개발지구 내에 이주자 택지를 공급받을 지위에 불과하고, 특정한 토지나 건물에 해당한다고 볼 수 없으므로, 법 제3조에서 정한 중개대상물에 해당하지 않는다고 볼 것이다(대판 2011다23682).
② 건축물(「민법」상의 개념: 기둥 + 지붕 + 주벽)
  ㉠ 건물은 토지와 별개의 부동산(독립 정착물)에 해당되어, 토지와 별개의 독자적인 중개대상물에 해당한다. 중개대상물로서의 건물은 「민법」상의 건물 개념으로서, '기둥 + 지붕 + 주벽'을 갖춘 것을 말한다(대판 2008도9427).

ⓛ 건물의 종류는 불문(상가, 주택, 사무실 등)한다.

[판례]

1. 건축물
   [1] 중개대상물의 범위에 관하여 토지와 '건축물, 그 밖의 토지의 정착물' 등을 규정하고 있는 바, 여기서 말하는 '건축물'은 「민법」 제99조상의 부동산에 해당하는 건축물에 한정되어야 할 것이다.
   [2] '세차장구조물'은 콘크리트 지반 위에 볼트조립방식 등을 사용하여 (중략) 볼트만 해체하면 쉽게 토지로부터 분리·철거가 가능하므로 이를 토지의 정착물이라 볼 수는 없다고 할 것이다(대판 2008도9427). 그러므로 이는 중개대상물로 인정할 수 없다.

2. 분양권과 (「주택법」상) 입주권
   ① 중개대상물 중 '건물'에는 기존의 건축물뿐만 아니라, 장차 건축될 특정의 건물도 포함된다고 볼 것이므로, 아파트의 특정 동, 호수에 대하여 피분양자가 '선정되거나', '분양계약이 체결된 후'에는 그 특정아파트가 완성되기 전이라 하여도, 이에 대한 매매 등 거래를 중개하는 것은 '건물'의 중개에 해당한다(대판 2004도62).
   ② 특정한 아파트에 입주할 수 있는 권리가 아니라 아파트에 대한 추첨기일에 신청을 하여 당첨이 되면 아파트의 분양예정자로 '선정될 수 있는' 지위를 가리키는 데에 불과한 '입주권'은 중개대상물에 해당하지 않는다(대판 90도1287).
   ③ 「도시 및 주거환경정비법」상의 사업계획승인을 얻어서 건설 공급하는 주택의 입주자로 '선정된 지위'(소위, 재건축·재개발 분양권)는 거래가능하고, 중개가능하다. 매매계약의 경우에는 부동산거래신고의 대상이기도 하다.

3. 권리금은 중개대상물이 아니다.
   영업용 건물의 영업시설·비품 등 유형물이나 거래처, 신용, 영업상의 노하우 등 무형의 재산적 가치(이른바 권리금)는 중개대상물이라고 할 수 없으므로, 그러한 유·무형의 재산적 가치의 양도에 대하여 이른바 '권리금' 등을 수수하도록 중개한 것은 중개행위에 해당하지 아니한다(대판 2005도6054).

③ 기타 토지의 정착물 : 명인방법을 갖춘 수목이나 명인방법을 갖춘 수목의 집단은 중개대상물에 해당한다(판례).

④ 입 목
   ⓛ 입목(立木)이란, 수목의 집단이 「입목에 관한 법률」에 따라 소유권보존등기를 한 것을 말한다.
   ⓛ 입목은 토지와 별개의 독자적 부동산(독립 정착물)에 해당되어, 토지와 별개의 중개대상물에 해당한다.

[주의] 입 목

1. 입목등록원부에 기재(등록)된 것에 한하여 입목등기가 가능하다.
2. 1필지 토지의 전부뿐만 아니라 일부에만 생육하고 있어도 입목등기가 가능하다. 수종(나무종류)에 제한이 없다.
3. 등기가 되면 소유권과 저당권의 객체가 된다. 저당권을 설정하기 전에 산림보험(공제)에 가입하여야 한다.
4. 입목저당의 효력은 토지에 미치지 않는다.
5. 입목저당의 효력은 입목이 벌채·벌목된 경우에 미친다.
6. 저당권의 실행으로 동일했던 입목과 토지의 소유자가 서로 달라지게 되면, 법정지상권이 인정된다(「입목에 관한 법률」 제6조).
7. 입목등기 여부는 토지 등기부 표제부에 입목등기번호가 기재된다.

영 제2조

⑤ 광업재단

    ㉠ 광업재단이란, 광업기업의 재산으로서, 재단목록을 작성하여 재단등기를 한 것을 말한다.

    ㉡ 광업재단은 재단 전체를 1개의 부동산(집합물)으로 취급하여, 재단 전체로서 거래가 되며, 중개대상물에 해당한다.

⑥ 공장재단

    ㉠ 공장재단이란, 공장기업의 재산으로서, 재단목록을 작성하여 재단등기를 한 것을 말한다.

    ㉡ 공장재단은 재단 전체를 1개의 부동산(집합물)으로 취급하여, 재단 전체로서 거래가 되며, 중개대상물에 해당한다.

주의

중개대상 또는 중개대상물에 해당되는가?

1. 어업재단 (×), 항만운송사업재단 (×)
2. 20톤 이상의 선박 (×), 항공기 (×)
3. 공유수면(바다, 하천) (×), (매립허가 받고 준공 받은) 공유수면매립지 (○)
4. (사권이 영구 소멸된) 포락지 (×), 무주의 부동산 (×), 미채굴 광물 (×)
5. 권리금 (×) : 상가건물에 시설한 시설물 등 유형적 가치 (×), 영업상의 노하우 (×), 영업상의 이익 (×)
6. 공용폐지되지 아니한 국·공유재산으로서의 행정재산 (×)
7. 사유(私有)하천 (○), 사도(私道) (○)
8. 개발제한구역 내의 토지 (○)
9. 상속 (×), 상속받은 토지나 건물 (○)
10. 법정지상권의 성립 (×), 법정지상권이 성립된 토지 (○)
11. 유치권의 성립 (×), 유치권의 이전 (○), 유치권 행사 중인 건물 (○)
12. 가압류된 부동산 (○), 동산질권 (×)
13. 환매권의 행사 (×), 환매권의 이전 (○)

② 중개대상이 되는 권리

주의

중개대상 권리
1. 중개대상이 되는 권리는 '부동산'에 대한 권리로서, '거래'가 가능하고, '중개'가 가능한 권리이어야 한다.
2. 동산에 관한 권리이거나, 법률의 규정에 따라 득실변경이 되는 경우는 중개대상이 될 수 없다.

중개대상이 되는 권리	① (부동산) 소유권 ② (부동산) 임차권 ③ 용익물권(지상권, 지역권, 전세권) ④ 담보물권(저당권, 근저당권, 담보가등기) ⑤ (등기된) 환매권의 '이전' ⑥ 유치권의 '이전' ⑦ 법정지상권의 '이전' 등
중개대상이 아닌 권리	① 동산질권 ② 점유권 ③ 유치권(법정담보물권)의 '성립' ④ 1필지 토지 '일부'에 대한 저당권 ⑤ 법정저당권의 '성립' ⑥ 법정지상권의 '성립' ⑦ 판결·상속 등 법률의 규정에 의한 권리변동 등

판례

중개대상 권리
1. 저당권도 중개대상에 해당한다.
   「공인중개사법」 제2조 제1호에서 말하는 '기타(그 밖의) 권리'에는 '저당권' 등 담보물권도 포함되고, 따라서 타인의 의뢰에 의하여 일정한 보수를 받고 저당권의 설정에 관한 행위의 알선을 업으로 하는 경우에는 중개업에 해당하고, 그 행위가 금전소비대차의 알선에 부수하여 이루어졌다 하여 달리 볼 것도 아니다(대판 96도1641).
2. 유치권의 '이전'도 중개대상에 해당한다.
   유치권은 일신전속적이 아닌 재산권으로서 피담보채권과 목적물의 점유를 함께 '이전'하는 경우, 그 이전이 가능하다(서울행정법원 2001구860).

공인중개사 시험제도

주의

공인중개사 시험제도
1. '공인중개사'라 함은 이 법에 의한 공인중개사 자격을 취득한 자를 말한다(법 제2조).
2. 공인중개사가 되기 위해서는 시·도지사(원칙)가 시행하는 공인중개사 시험에 합격을 하여 공인중개사 자격을 취득하여야 한다.
3. 공인중개사 자격을 취득한 공인중개사는 중개사무소 개설등록을 하면 '개업공인중개사'가 되고, 중개사무소에 취업을 하여 소속되면, '소속공인중개사'가 된다.

시험 시행기관	① 원칙 : 시험은 원칙적으로 '특별시장·광역시장·도지사(즉, 시·도지사)'가 시행함이 원칙이다. ② 예외 : 다만, 공인중개사 정책심의위원회의 '의결'을 거쳐서, '국토교통부장관'이 직접 시험을 시행하거나 직접 출제를 할 수 있다. ③ 위탁 : 시험시행기관의 장은 공인중개사협회나 대통령령으로 정하는 기관에 위탁할 수도 있다.
응시 자격의 제한	시험은 누구라도 국적과 연령의 제한 없이 응시하여 공인중개사가 될 수 있으나, 다음의 경우에는 시험에 응시할 수 없다. ① 일정한 사유로 공인중개사 자격이 취소되고 '3년'이 지나지 아니한 자는 시험에 응시할 수 없다. ② 시험에 부정행위자로 적발이 된 자는 해당 시험은 무효처분이 되고, 시험 무효처분일로부터 '5년'이 지나지 아니한 자는 시험에 응시할 수 없다.
자격증의 관리	① 자격증은 오로지 '(특별시·광역시) 시·도지사'가 교부한다. 　㉠ 합격자 결정 공고일로부터 '1개월' 이내에 교부하여야 한다. 　㉡ 시·도지사는 자격증 관리대장(전자대장)에 기재하고 관리한다. ② 오로지 자격증을 '교부한(중개사무소 관할 ×)' 시·도지사가 자격을 취소처분 하며, 자격정지처분을 할 수 있다. 자격증 재교부도 자격증을 '교부한(중개사무소 관할 ×)' 시·도지사에게 신청하여야 한다. ③ 자격이 취소되면 자격증을 '교부'한 시·도지사에게 '7일 이내'에 자격증을 반납하여야 한다(위반시 100만원 이하의 과태료). ④ 공인중개사 '아닌 자'는 공인중개사 또는 유사명칭을 사용할 수 없다(위반시 1년 이하의 징역 또는 1천만원 이하의 벌금). '대표'라는 명칭은 유사명칭에 해당한다. 　**기출** 공인중개사 자격이 없는 자가 자신의 명함에 부동산뉴스 '대표'라는 명칭을 사용하여 중개행위를 한 것은 공인중개사와 유사한 명칭을 사용한 것에 해당한다. (○)

⑤ 자격증 양도·대여 : 자격증을 양도·대여한 자는 '자격이 취소'되며, 또한 '1년' 이하의 징역 또는 '1천만원' 이하의 벌금형의 대상이 된다. 또한 자격증을 양수·대여 받은 자나 이러한 양도·대여를 '알선'한 자도 1년 이하의 징역 또는 1천만원 이하의 벌금형의 대상이 된다.

 주의

1. 출제위원
   ① 부동산중개업무 및 관련 분야에 관한 학식과 경험이 풍부한 자 중에서 시험시행기관장이 임명 또는 위촉한다.
   ② 출제위원 및 시험시행업무 등에 종사하는 자에 대하여는 예산의 범위 안에서 수당 및 여비를 지급할 수 있다.
   ③ 출제위원이 성실의무 위반으로 시험의 신뢰도를 현저히 저하시킨 경우에는 그 위원의 명단을 다른 시험시행기관장 및 그 출제위원이 소속하고 있는 기관의 장에게 통보하여야 하며, 국토교통부장관 또는 시·도지사는 그 위원을 '5년간' 출제위원으로 위촉하여서는 아니 된다.

2. 응시원서 및 응시수수료
   ① 원칙 : 지방자치단체 조례(특·광·시·도 조례)에 따른다.
   ② 국토교통부장관이 직접 시행하는 경우 : 국토교통부장관이 결정·공고하는 수수료를 납부한다.
   ③ 위탁시행의 경우 : 업무를 '위탁받은 자'가 위탁한 자의 승인을 얻어 결정·공고한다.
   ④ 응시수수료의 반환 : 시험시행기관장은 응시수수료를 납부한 자가 다음의 어느 하나에 해당하는 경우에는 국토교통부령으로 정하는 바에 따라 응시수수료의 전부 또는 일부를 반환하여야 한다. 응시수수료(이하 '수수료'라 한다)의 반환기준은 다음과 같다.
      ㉠ 수수료를 과·오납한 경우에는 그 과·오납한 금액의 전부
      ㉡ 시험시행기관의 귀책사유로 시험에 응하지 못한 경우에는 납입한 수수료의 전부
      ㉢ 응시원서 접수기간 내에 접수를 취소하는 경우에는 납입한 수수료의 전부
      ㉣ 응시원서 접수마감일의 다음날부터 7일 이내에 접수를 취소하는 경우에는 납입한 수수료의 100분의 60
      ㉤ 위의 ㉣에서 정한 기간을 경과한 날부터 시험시행일 10일 전까지 접수를 취소하는 경우에는 납입한 수수료의 100분의 50

3. 시험의 공고 및 시기
   ① 시험의 공고
      ㉠ 개략적 공고 : 예정 시험일시·시험방법 등 시험시행에 관한 개략적인 사항을 매년 '2월 말일'까지 「신문 등의 진흥에 관한 법률」에 따른 일반일간신문, 관보, 방송 중 하나 이상에 공고하고, 인터넷 홈페이지 등에도 이를 공고해야 한다.
      ㉡ 구체적 공고 : 시험일시, 시험장소, 시험방법, 합격자 결정방법 및 응시수수료의 반환에 관한 사항 등 시험의 시행에 필요한 사항을 시험시행일 '90일 전'까지 일간신문, 관보, 방송 중 하나 이상에 공고하고, 인터넷 홈페이지 등에도 이를 공고해야 한다.
   ② 시험시기 : 시험은 매년 '1회 이상' 시행한다. 다만, 시험시행기관의 장은 시험을 실시하기 어려운 부득이한 사정이 있는 경우에는 공인중개사 정책심의위원회의 의결을 거쳐 해당 연도의 시험을 생략할 수 있다.

판례

자격증 양도 · 대여 등

1. '공인중개사 자격증의 대여'란 다른 사람이 그 자격증을 이용하여 공인중개사로 행세하면서 공인중개사의 업무를 행하려는 것을 '알면서'도 그에게 자격증 자체를 빌려주는 것을 말한다(대판 2006도9334).

2. 공인중개사가 무자격자로 하여금 그 공인중개사의 업무를 수행하도록 하지 않는다면, 이를 가리켜 등록증 · 자격증의 대여를 한 것이라고 말할 수는 없다(대판 2006도9334).

3. 무자격자가 공인중개사의 업무를 수행하였는지 여부는 외관상 공인중개사가 직접 업무를 수행하는 형식을 취하였는지 여부에 구애됨이 없이, '실질적'으로 무자격자가 공인중개사의 명의를 사용하여 업무를 수행하였는지 여부에 따라 판단하여야 한다(대판 2006도9334).

4. 공인중개사가 비록 스스로 몇 건의 중개업무를 직접 수행한 바 있다 하더라도, 적어도 무자격자가 성사시킨 거래에 관해서는 무자격자가 거래를 성사시켜 작성한 계약서에 자신의 인감을 날인하는 방법은 자신이 직접 공인중개사 업무를 수행하는 형식만 갖추었을 뿐, 실질적으로는 무자격자로 하여금 자기 명의로 공인중개사 업무를 수행하도록 한 것이므로, 이는 공인중개사 자격증의 대여행위에 해당한다(대판 2006도9334).

5. 공인중개사가 자신의 명의로 중개사무소 개설등록이 되어 있으나, 실제로는 공인중개사가 아닌 자가 주도적으로 운영하는 형식(즉, 자격증 · 등록증 양도 · 대여형식)으로 동업하여 중개사무소를 운영한 경우에, 자격증 명의자가 일방적으로 폐업신고를 하였다 하여 대여 받은 자의 업무를 방해한다는 이유로 「형법」상의 '업무방해죄'로 처벌되지는 않는다(대판 2006도6599).

공인중개사 정책심의위원회

주의

공인중개사 정책심의위원회
1. 공인중개사와 관련된 기본 '정책'을 '심의'하고 의결하기 위하여 국토교통부에 공인중개사 정책심의위원회를 둘 수 있다(법 제2조의2). 위원장은 국토교통부 '제1차관'이며, '7명 이상 11명 이내'로 구성된다.
2. 심의·의결을 하는 심의위원과 안건의 당사자가 서로 이해관계에 있게 되면 공정한 의결을 할 수 없으므로, 해당 심의위원은 의결에서 '제척'된다.

공인 중개사 정책심의 위원회	① 정책심의위원회를 '국토교통부'에 '둘 수' 있다(임의기관). ② 정책심의사항 : 정책심의위원회에서는 다음의 사항을 심의한다. ♀key 손·자·보·육 　　㉠ '손해배상책임'의 보장 등에 관한 사항 　　㉡ (공인중개사의 시험 등) 공인중개사의 '자격취득'에 관한 사항 　　㉢ 중개 '보수 변경'에 관한 사항 　　㉣ 부동산 중개업의 '육성'에 관한 사항 ③ 자격취득(시험시행)에 관한 사항에 대하여 시·도지사는 정책심의위원회의 의결에 따라야 한다. ④ 위원회 구성 : 위원장 1명 '포함'한, 7명 이상 11명 이내 위원으로 구성한다. ♀key 세븐일레븐 ⑤ 위원장 : 국토교통부 '제1차관'이 된다. 　주의 　1. 위원장의 직무 　　① '위원장'은 심의위원회를 대표하고, 심의위원회의 업무를 총괄한다. 　　② '위원장'은 심의위원회의 회의를 소집하고, 그 의장이 된다. 　　③ 위원장이 심의위원회의 회의를 소집하려면 회의 '개최 7일 전'까지 회의의 일시, 장소 및 안건을 각 위원에게 통보하여야 한다. 다만, 긴급하게 개최하여야 하거나 부득이한 사유가 있는 경우에는 회의 '개최 전날'까지 통보할 수 있다. 　　④ 위원장은 심의에 필요하다고 인정하는 경우 관계 전문가를 출석하게 하여 의견을 듣거나 의견 제출을 요청할 수 있다. 　　⑤ 위원장이 부득이한 사유로 직무를 수행할 수 없을 때에는 위원장이 미리 '지명한 위원'이 그 직무를 대행한다. ♀key 미지직 위원 　2. 사무간사 : 심의위원회에 사무를 처리할 '간사' 1명을 둔다. 간사는 심의위원회의 '위원장'이 국토교통부 소속 공무원 중에서 지명한다. ♀key 간사는 위원장 부하직원

⑥ 위 원

  ㉠ 구성: (심의위원회) '위원'은 다음의 어느 하나에 해당하는 사람 중에서 '국토교통부 장관'이 임명하거나 위촉한다.

    ⓐ '국토교통부의 4급' 이상 또는 이에 상당하는 공무원이나 '고위공무원단'에 속하는 '일반직공무원' ♀key 국·사·고·일

    ⓑ 그 밖에 부동산·금융 관련 분야에 '학식'과 경험이 풍부한 사람

    ⓒ '변호사' 또는 공인 '회계사'의 자격이 있는 사람

    ⓓ '부교수' 이상의 직(職)에 재직하고 있는 사람

    ⓔ 소비자단체 또는 한국 '소비자원'의 임직원으로 재직하고 있는 사람

    ⓕ 공인중개사협회에서 '추천'하는 사람

    ⓖ 공인중개사 자격시험의 시행에 관한 업무를 위탁받은 기관(한국산업인력공단)의 장이 '추천'하는 사람

    ⓗ 비영리민간단체에서 '추천'한 사람

  ㉡ 임기: 위 ㉠의 ⓐ 공무원은 그 맡은 기간 동안 업무를 수행할 것이고, 위 ㉠의 ⓑ부터 ⓗ까지의 위원은 '임기'를 '2년'으로 한다. 위원의 사임 등으로 새로 위촉된 위원의 임기는 전임위원 임기의 '남은 기간'으로 한다.

⑦ 제척사유(위원이 의결을 못하는 사유): 심의위원회의 위원이 다음의 어느 하나에 해당하는 경우에는 심의위원회의 심의·의결에서 '제척(除斥)'된다. ♀key 당·친·연·대

  ㉠ 위원(또는 그 배우자나 배우자이었던 사람)이 해당 안건의 '당사자'(당사자가 법인·단체 등인 경우에는 그 임원을 포함)가 되거나 그 안건의 당사자와 공동권리자 또는 공동의무자인 경우

  ㉡ 위원이 해당 안건의 당사자와 '친족'이거나 친족이었던 경우

  ㉢ 위원이 해당 안건에 대하여 증언, 진술, 자문, 조사, '연구, 용역' 또는 감정을 한 경우

  ㉣ 위원(이나 위원이 속한 법인·단체 등)이 해당 안건의 당사자의 '대리인'이거나 대리인이었던 경우

⑧ 제척사유가 있으면, 위원 '스스로'는 '회피'하여야 하며, 국토교통부장관은 '해촉'할 수 있으며, 안건당사자는 '기피 신청'을 할 수 있다(위원회 의결로서 기피 여부를 결정).

⑨ 의결정족수: 재적위원 '과반수' 출석으로 개의하고, '출석위원' '과반수' 찬성으로 의결한다.

교육제도

① **필수교육**(실무교육 · 연수교육 · 직무교육)

(1) 새로이 중개사무소의 '개설등록을 하고자' 하는 자[소속공인중개사가 되고자 하는 자, 법인인 개업공인중개사의 임원 또는 사원(합자회사나 합명회사의 무한책임사원)이 되고자 하는 자, 분사무소 책임자가 되고자 하는 자, 포함]는 '등록신청일(분사무소 설치신고일) 전 1년 이내'에 '시 · 도지사'가 실시하는 '실무교육(실무수습을 포함)'을 수료하여야 한다.

(2) 실무교육을 받은 자는 매 2년마다 '시 · 도지사'가 실시하는 '연수교육'을 받아야 한다(위반시 500만원 이하의 과태료).

(3) 새로이 '중개보조원'이 되고자 하는 자는 '시 · 도지사' 또는 '등록관청'이 실시하는 '직무교육'을 수료하여야 한다.

구 분	실무교육	연수교육
교육내용	법률지식, 부동산 중개 · 경영실무, 직업윤리 등을 교육의 내용으로 한다.	(법 · 제도) 변경사항, 부동산 중개 · 경영실무, 직업윤리 등을 교육의 내용으로 한다.
대상자	① 새로이 등록을 하고자 하는 자, 새로이 법인인 개업공인중개사의 임원 또는 사원(합자회사나 합명회사의 무한책임사원)이 되고자 하는 자, 새로이 분사무소 책임자가 되고자 하는 자, 새로이 소속공인중개사가 되고자 하는 자를 대상으로 한다. ② 즉, 중개보조원이 되려는 자 '이외'의 자를 대상으로 한다.	실무교육을 받은 자를 대상으로 한다. 즉, 실무교육을 받은 자는 실무교육을 받은 후 '2년'마다 '연수교육'을 받아야 한다.
실시권자	시 · 도지사	
시 간	45시간(개정)	12시간 이상 16시간 이하

비 고	① 폐업신고 후 '1년 이내'에 재등록시에는 실무교육이 면제된다. ② 고용관계 종료신고 후 '1년 이내'에 다시 재고용되거나, 중개사무소 개설등록을 신청하는 경우에도 실무교육이 면제된다. **기출** 폐업신고 후 1년이 '지난 뒤' 중개사무소의 개설등록을 신청하고자 하는 자는 실무교육을 수료하여야 한다. (○)	① 시·도지사는 실무교육 또는 연수교육을 받은 후 '2년' 되기 '2개월' 전까지 교육의 내용·일시·장소 등을 대상자에게 통지하여야 한다. ② 연수교육을 받지 않으면, '500만원' 이하의 과태료처벌 대상이다.

구 분	직무교육
대 상	새로이 '중개보조원'이 되고자 하는 자는 고용신고일 전 1년 이내에 시·도지사 또는 등록관청이 시행하는 '직무교육'을 받아야 한다.
면 제	고용관계 종료신고 후, '1년 이내'에 다시 재고용될 때에는 직무교육이 면제된다.
시 간	3시간 이상 4시간 이하
교육내용	직무수행에 필요한 직업윤리 등을 직무교육의 내용으로 한다. **기출** 직무교육의 내용은 전문적인 법률지식과 부동산 중개실무·경영실무, 직업윤리 등을 내용으로 한다. (×)

주의

교육지침(필수교육 대상)

1. '국토교통부장관'은 실무교육, 연수교육, 직무교육의 전국적인 균형유지를 위하여 필요하다고 인정하면 해당 교육의 지침을 마련하여 시행할 수 있다.
2. 교육지침의 내용 : 교육지침에는 다음의 사항이 포함되어야 한다.
   ① 교육의 목적
   ② 교육대상
   ③ 교육과목 및 교육시간
   ④ 강사의 자격
   ⑤ '수강료'
   ⑥ 수강신청, 출결(出缺) 확인, 교육평가, 교육수료증 발급 등 학사 운영 및 관리
   ⑦ 그 밖에 균형 있는 교육의 실시에 필요한 기준과 절차

② **임의교육**(부동산거래사고 예방교육)

임의적 교육	① '국토교통부장관', '시·도지사' 및 '등록관청'은 필요하다고 인정하면 대통령령으로 정하는 바에 따라, 개업공인중개사 등의 부동산거래사고 예방을 위한 교육을 실시할 수 있다. ② 개업공인중개사 등(소속공인중개사, 중개보조원 모두를 포함)을 대상으로 한다.
통 지	국토교통부장관, 시·도지사, 등록관청은 교육일 '10일 전'까지 교육의 일시·장소·내용을 공고하거나 통지하여야 한다. 🔑key 예빵..10일
교육비 지원	① 국토교통부장관, 시·도지사, 등록관청은 대통령령으로 정하는 바에 따라 필요한 '비용'을 지원할 수 있다. ② 부동산거래사고 예방 등의 교육을 위하여 지원할 수 있는 비용은 다음과 같다. 　㉠ 교육시설 및 장비의 설치에 필요한 비용 　㉡ 교육자료의 개발 및 보급에 필요한 비용 　㉢ 교육 관련 조사 및 연구에 필요한 비용 　㉣ 교육 실시에 따른 '강사비'

Thema 06 중개사무소 개설등록(요건 및 구비서류)

① 기본 개념

(1) 중개대상물에 대하여 부동산 '중개업'을 하려면 중개사무소를 개설'등록'을 하여 '개업공인중개사'가 되어야 한다.

(2) '등록(登錄)'이라 함은, '등록관청'(중개사무소를 두고자 하는 시장·군수 또는 구청장)이 '등록대장(전자대장)'에 개업공인중개사로 이름을 올려 기재하여, 개업공인중개사임을 증명하는 제도이다.

(3) **등록의 성격**

① **일신전속권(一身專屬權)** : 양도·대여는 처벌된다.

② **대인적(對人的) 등록** : '1인 1등록주의'가 적용되며, 이중등록은 처벌된다.

③ **영속성(永續性)** : 등록의 갱신제도는 없다.

④ **기속성(羈束性)** : 등록은 요건만 구비되면 등록관청에서는 등록을 해 주어야 한다.

⑤ **중개업의 '적법요건'(適法要件)** : 등록을 한 자만이 적법하게 중개업을 수행할 수 있다.

② 등록의 요건 및 구비서류

구 분	등록의 요건	구비서류
공인 중개사	♀key 자·결·사·실 ① 〈자〉 공인중개사 '자격증'이 있어야 한다. ② 〈결〉 법 제10조의 '결격사유'가 없어야 한다. ③ 〈사〉 건축물대장에 기재된 건물에 중개 '사무소'를 확보하여야 한다(즉, 적법한 건물이어야 한다). 　㉠ 가설건축물대장은 '제외'한다. 　㉡ 적법하게 준공검사·사용승인·사용인가 등이 된 건물은 '포함'한다. 　㉢ 건물의 확보형태는 본인 소유의 건물일 필요는 없고, 임대차, 전세권 또는 사용대차 등도 가능하다.	♀key 등신...사·실·사 ① 등록신청서 ② '사무소'확보 증명서류(건출물대장 지연시 : 지연 사유서 첨부) ③ '실무교육' 수료증 사본(등록관청이 전자조치로 확인하면 제출하지 아니할 수 있다) ④ '사진'(여권용) 🔔 외국인은 스스로 결격사유 없음 증명하는 서류를 추가로 첨부하여야 한다.

기출 1. 개업공인중개사는 중개사무소를 설치할 건물에 관하여 반드시 소유권으로 확보하여야 한다. (×)

　　 2. 「건축법」상 '가설건축물대장'에 기재된 건축물에 개설등록할 수 있다. (×)

④ 〈실〉 등록신청일 전 1년 이내에 시·도지사가 실시하는 '실무교육'을 수료하여야 한다.

기출 외국인이 중개업 등록을 하려는 경우에는 스스로 결격사유 없음을 증명할 수 있는 서류를 제출하여야 한다. (○)

| 법 인 | key 목·자·대·임·사
① 목적: 법 제14조에 규정된 업무만을 영위할 목적으로 설립되어야 한다. ⇨ 법 제14조에 규정된 업무: 중개업, 부동산의 관리대행, 이용·개발·거래에 관한 상담, 기타 중개업의 부수적인 용역업의 알선, 주택 및 상가건물의 분양대행, 개업공인중개사를 대상으로 한 경영기법 및 경영정보의 제공, 경매·공매물건의 알선 및 입찰대리(매수신청대리)
② 자본금: 「상법」상의 회사이거나 「협동조합 기본법」상의 협동조합으로서, 자본금이 5천만원 이상이어야 한다.
　ㄱ 사회적 협동조합은 등록할 수 없다.
　ㄴ 「상법」상의 회사의 종류는 불문한다(주식회사, 유한회사, 유한책임회사, 합자회사, 합명회사를 불문한다).
③ 대표자: 대표자는 반드시 공인중개사이어야 한다.
④ 임원(무한책임사원): 대표자를 '제외'하고도, 임원 또는 사원(합자회사나 합명회사의 무한책임사원을 말한다. 이하 같다)의 '1/3 이상'이 공인중개사이어야 한다.
⑤ 임원(무한책임사원): **'전원'이 시·도지사가 시행하는 '실무교육'을 등록신청일 전 1년 이내에 수료하여야 하며, 전원이 결격사유가 없어야 한다.**
⑥ 사무소 확보: 중개사무소 건물을 확보하여야 한다. 개인 중개사무소와 내용은 동일하다. | key 등신...사·실·사
① 등록신청서
② '사무소' 확보 증명서류(건축물대장 지연시: 지연 사유서 첨부)
③ '실무교육 수료증 사본(등록관청이 전자조치로 확인하면 제출하지 아니할 수 있다)
④ '사진'(여권용)
⚘ 외국법인은 '영업소 등기 증명서면'을 추가로 첨부하여야 한다.
기출 외국에 주된 영업소를 둔 법인이 개설등록을 하기 위해서는 「상법」상 외국회사 규정에 따른 영업소의 등기를 증명할 수 있는 서류를 첨부해야 한다. (○) |

중개사무소 개설등록[절차 및 제재]

1 등록의 절차 : 신청 ⇨ 등록 ⇨ 보증 ⇨ 등록증

신 청	① 공인중개사(소속공인중개사는 제외) 또는 법인이 아닌 자는 등록을 신청할 수 없다(법 제 9조 제2항). ② 소속공인중개사는 등록을 신청할 수 없다. 즉, 중개사무소에 소속된 상태에서는 등록을 신청할 수 없고, 단순한 공인중개사인 상태에서 등록을 신청하여야 한다. ③ 업무정지처분을 받은 개업공인중개사는 그 기간 중에 해당 중개업을 폐업하고 다시 중개사무소의 개설등록을 신청할 수 없다. ④ 부칙상의 개업공인중개사로 신규등록을 할 수는 없다.
등 록	① 등록신청을 받은 등록관청은 '7일 이내'에 개업공인중개사의 종별(법인인 개업공인중개사와 공인중개사인 개업공인중개사)에 따라 구분하여 등록(등록대장에 기재)을 하고, 등록신청인에게 서면으로 통지(등록번호 등)하여야 한다. ② 등록의 통지를 받은 이후부터의 업무는 무등록 중개업은 아니다.
업무 보증	① 등록의 통지를 받으면, '**업무개시 전까지**' 중개사고에 의한 손해배상책임을 보장하기 위한 '업무보증'을 설정하여야 한다. ② 공인중개사인 개업공인중개사와 부칙상의 개업공인중개사는 '2억원' 이상, 법인인 개업공인중개사는 '4억원' 이상의 업무보증을 설정(보증보험, 공제, 공탁)하여 신고하여야 한다 (다만, 보증기관에서 직접 통보한 경우에는 신고는 생략할 수 있다).
등록증 교부	① 등록관청은 업무보증 설정이 확인되면, 등록증을 '**지체 없이**' 교부하여야 한다. **기출** 등록관청은 등록증을 교부하기 전에 손해배상책임을 보장하기 위한 보증의 설정 여부를 확인하여야 한다. (○) ② 개업공인중개사는 등록증을 교부받으면, 중개사무소에 보이기 쉬운 곳에 게시하여야 한다 (위반시 100만원 이하의 과태료). ③ 등록관청은 중개사무소 등록사항을 공인중개사협회에 '다음 달 10일'까지 통보하여야 한다.

www.pmg.co.kr

> **주의**
>
> **등록관청의 협회 통보사항**
> 등록관청이 다음 달 10일까지 공인중개사협회에 통보해야 할 사항은 다음과 같다.
> 1. 등록증을 교부한 때
> 2. 분사무소 설치신고를 받은 때
> 3. 행정처분(등록취소 또는 업무정지에 따른 행정처분)을 한 때
> 4. 휴업·폐업·업무재개·휴업기간 변경신고를 받은 때
> 5. 사무소 이전신고를 받은 때
> 6. 고용인(소속공인중개사 또는 중개보조원)의 고용 및 고용관계 종료신고를 받은 때
> ✿ 업무보증 설정신고를 받은 때, 인장등록 신고를 받은 때 등은 협회에 통보를 해야 할 사항은 아니다.

2 등록에 대한 제재

(1) 이중등록의 금지

개업공인중개사는 이중으로 중개사무소의 개설등록을 하여 중개업을 할 수 없다. 이를 위반한 경우에는 중개업 등록이 취소된다(절대적 등록취소). 또한 1년 이하의 징역 또는 1천만원 이하의 벌금의 대상이기도 하다.

> **기출** A군에서 중개사무소 개설등록을 하여 중개업을 하고 있는 자가 다시 A군에서 개설등록을 한 경우, 이중등록에 해당한다. (○)

(2) 이중소속의 금지

개업공인중개사 등은 다른 개업공인중개사의 소속공인중개사·중개보조원 또는 개업공인중개사인 법인의 사원·임원이 될 수 없다.

구 분	행정처분	행정형벌
개업공인중개사	절대적 등록취소	1년 이하의 징역 또는 1천만원 이하의 벌금
소속공인중개사	자격정지 (자격정지중인 경우는 자격취소)	1년 이하의 징역 또는 1천만원 이하의 벌금
중개보조원	−	1년 이하의 징역 또는 1천만원 이하의 벌금

(3) 등록증 양도·대여·알선

① 개업공인중개사는 다른 사람에게 자기의 성명 또는 상호를 사용하여 중개업무를 하게 하거나 등록증을 양도 또는 대여하는 행위를 하여서는 아니 된다. 이를 위반하면 등록은 취소되며(절대적 등록취소사유), 1년 이하의 징역 또는 1천만원 이하의 벌금에 처한다(법 제49조).

② 등록증을 양수·대여받거나, 양도·대여를 '알선'한 자도 1년 이하의 징역 또는 1천만원 이하의 벌금형의 대상이 된다.

(4) 허위(거짓)·부정 등록

거짓이나 그 밖의 부정한 방법으로 중개사무소의 개설등록을 한 자는 등록이 취소(절대적 등록취소사유)되며, 3년 이하의 징역 또는 3천만원 이하의 벌금사유에 해당된다.

(5) 무등록 중개업

무등록으로 부동산중개를 업으로 하는 자(소위 무등록 중개업자)는 3년 이하의 징역 또는 3천만원 이하의 벌금사유에 해당된다.

① **무등록 중개업의 유형**

　㉠ 중개업 등록을 하지 아니한 자로서 중개업을 행한 자

　　ⓐ 중개업 등록신청을 하지 않고 중개업을 행한 자

　　ⓑ 중개업 등록신청을 했으나 등록처분이 되기 전에 중개업을 행한 자

　㉡ 등록의 효력이 소멸된 후에도 중개업을 행한 자

　　ⓐ 중개사무소 개설등록이 취소처분된 후 중개업을 계속한 경우

　　ⓑ 법인인 개업공인중개사가 해산된 후 중개업을 계속한 경우

　　ⓒ 폐업신고가 수리된 후 중개업을 계속한 경우

② **무등록 중개행위의 효력**: 무등록 중개행위로 인하여 중개 완성된 거래당사자 간의 매매계약 등의 법률행위 그 자체의 효력은 여전히 '유효'하다. 다만 무등록중개업을 한자는 처벌이 될 뿐이다.

③ **보수**: 무등록 중개업을 한 자는 중개보수청구권이 없다. 중개보수지급약정은 무효이며, 이미 받은 것이 있다면 반환하여야 한다(부당이득반환의무).

🔨 **판례** ┈┈┈

무등록 중개업에 관한 주요 판례

1. 「변호사법」에서 규정한 법률사무는 거래당사자의 행위를 사실상 보조하는 업무를 수행하는 데 그치는 「공인중개사법」의 중개행위와는 구별되는 것이고, 변호사는 「공인중개사법」에 규정된 중개사무소 개설등록의 기준을 적용받지 않는다고 할 수는 없다(대판 2003두14888). (주; 그러므로 변호사가 중개사무소 개설등록 없이 중개업을 수행하는 경우에는 무등록 중개업자로 처벌된다)

2. 부동산 컨설팅업을 하면서 「공인중개사법」에 따라 등록을 받지 아니하고 부동산 컨설팅행위에 수반하여 부동산을 중개한 사실은 무등록 중개업에 해당한다(대판 2006도7594).

3. "거래당사자"가 무자격자(무등록 중개업자)에게 중개를 "의뢰한 행위"는 무등록 중개업자와 '공동정범'으로 처벌되지 '아니'한다(대판 2013도3246).

Thema 08 결격사유(중개업 종사 및 등록)

1 결격의 효과

(1) 결격사유에 해당하는 자는 개업공인중개사로 중개사무소 개설등록을 할 수 없으며, 또한 고용인(직원)으로조차 근무할 수 없다.

(2) 기존의 개업공인중개사에게 이러한 결격사유가 발생되면 기존의 등록은 취소된다(원칙).

(3) 법인인 개업공인중개사의 임원(또는 무한책임사원)에게 결격사유가 발생한 경우(2개월 이내 그 사유가 해소되지 않으면) 법인인 개업공인중개사는 '등록이 취소'된다(절대적 등록취소 사유).

(4) 기존의 '고용인'에게 결격사유가 발생된 경우에는 2개월 이내에 그 사유를 해소시켜야 하며, 그렇지 아니한 경우에는 개업공인중개사의 '업무정지'처분의 대상이 된다.

2 결격사유의 정리

제한능력자	① 〈미〉 **미성년자**(만 19세 미만) **기출** 미성년자는 혼인을 하여도 중개업에 종사할 수 없다. (○) ② 〈피〉 '**피한정**'후견인(개시심판 받고 종료심판을 받지 아니한 자) ③ 〈피〉 '**피성년**'후견인(개시심판 받고 종료심판을 받지 아니한 자) **주의** 피특정후견인은 결격사유가 아니다.
파산자	④ 〈파〉 **파산선고를 받고 (면책)복권되지 아니한 자**(신용불량자 ×, 개인회생신청자 ×)
(모든 법 위반) "금고형 이상"의 선고를 받고 (사형, 징역, 금고)	⑤ 〈집〉 **집행이 종료된 후 3년이 지나지 아니한 자** ㉠ 형기 만료(= 만기석방)되고 3년이 지나야 중개업 종사가 가능하다. ㉡ 가석방은 잔형기가 경과되고 3년이 지나야 중개업 종사가 가능하다. ⑥ 〈집〉 **집행이 면제되고 3년이 지나지 아니한 자** ㉠ 금고 이상의 형의 선고를 받고 형 '집행면제'를 받은 날로부터 3년이 지나야 중개업 종사가 가능하다. ㉡ 금고 이상의 형의 선고를 받고 복역 중에 '특별사면'을 받은 자는 3년이 지나야 결격사유에서 벗어난다. ⑦ 〈집〉 '**집행유예**'를 받고 그 유예기간이 만료된 날부터 2년이 지나지 아니한 자는 중개업에 종사할 수 없다. **주의** 선고유예나 기소유예는 결격사유가 아니다.

이 법 위반		⑧ '이 법 위반'으로 '300만원 이상'의 '벌금형'의 선고를 받고 '3년'이 지나지 아니한 자 **key** 이·벌·쌈·쌈 **기출** 1. 자신의 행위로 공인중개사법령을 위반하여 300만원 이상의 벌금형을 선고받고, 3년이 지나지 않은 자는 중개업 등록을 할 수 없다. (○) 2. 고용인의 업무상 위법행위로 인하여, 법 제50조 양벌규정에 따라 개업공인중개사가 벌금형을 선고받은 경우에는 개업공인중개사의 결격사유에 해당하지 아니한다. (○) 3. 「형법」상 사기죄로 300만원의 벌금형을 선고 받은 자는 결격사유에 해당되지 아니한다. (○)

이 법
위반
 	
(타법
위반은
결격
아님)
	취
	소
		⑨ 자격이 "취소"된 후 "3년"이 지나지 아니한 자
		기출 공인중개사 자격이 취소된 후 3년이 지나지 아니한 자는 고용인이 될 수 없다. (○)
		⑩ 등록이 "취소"된 후 "3년"이 지나지 아니한 자
		  ㉠ 원칙 : 절대적 등록취소사유(법 제38조 제1항)나 상대적 등록취소사유(법 제38조 제2항)로 인하여 등록이 취소된 경우에는 등록이 취소된 후 3년이 지나지 아니하면 중개업 종사를 할 수 없다.
		    기출 이 법에 의하여 이중사무소 설치를 이유로 중개사무소 개설등록취소를 당한 자는 등록이 취소된 후 3년이 경과되어야 결격사유에서 벗어난다. (○)
		  ㉡ 예 외
		    ⓐ 등록취소 + '3년'이 적용되지 않는 경우 : **key** 결·사·해·미 등록취소사유 중에서, '결격'사유·'사망'(해산)·등록기준 '미달'로 등록이 취소된 경우에는 '등록취소'일이 기준이 되는 것이 아니다. 위의 사유(결격·사망·해산·기준 미달)가 해소되면(되어야) 중개업 종사가 가능하다.
		      기출 개업공인중개사가 파산선고를 받아서 이를 이유로 등록이 취소된 경우에는 등록취소 기준으로 3년 경과 여부와 상관없이, 파산으로부터 복권이 되면 중개업 종사가 가능하다. (○)
		    ⓑ 폐업기간 공제 : **등록취소 + '3년'**에서 개업공인중개사가 **폐업**한 후 '재등록'한 경우에는 **폐업기간(반성기간)을 공제한다.**
		      기출 1년을 폐업한 자가 다시 재등록하였으나, 폐업 전의 사유로 등록이 취소된 경우에는 등록이 취소된 후 2년이 지나면 중개업 종사가 가능하다. (○)

	정 지	⑪ 자격 "정지기간" 중에 있는 자 ⑫ 업무 "정지기간" 중에 있는 자 : **업무정지기간 중 폐업신고를 한 경우, 그 업무정지기간이 지나지 아니한 자** ⑬ '법인'인 개업공인중개사의 업무정지사유 '발생 당시'의 '임원(무한책임사원)'이었던 자 **주의** 사유 발생 '이후'에 선임된 임원(무한책임사원)이거나, 사유 발생 당시의 '고용인'은 결격사유에 해당하지 않는다.

⑭ 임원결격은 법인결격

　㉠ 법인인 개업공인중개사의 "**임원(무한책임사원)**" 중 1인이라도 "**결격**"이 발생되면, 그 법인인 개업공인중개사도 결격에 해당된다.

　　기출 파산선고를 받고 복권되지 않은 자가 법인의 임원으로 있는 경우 그 법인은 결격사유에 해당한다. (○)

　㉡ 법인은 임원이 결격사유가 발생되면 2개월 이내에 그 사유를 해소하여야 한다. 그렇지 않으면 법인인 개업공인중개사의 등록은 취소된다(절대적 등록취소사유).

주의

1. 미성년자는 혼인을 하거나 법정대리인의 동의를 받아도 결격이다.
2. 정신박약이나 심신상실의 상태에 있는 자도 법원의 심판(피한정후견 개시심판, 피성년후견 개시심판)을 받기 전까지는 결격이 아니다.
3. 정신능력이 회복이 되어도 피한정후견인과 피성년후견인은 종료심판을 받기 전에는 여전히 결격사유에 해당한다.
4. 피특정후견인이나 개인회생신청자나 신용불량자는 결격사유에 해당하지 아니한다.
5. 파산선고 받은 자(파산자)는 법적으로 복권(면책)이 되기 전까지는 채무를 변제하여도 결격이다.
6. '가석방'은 '잔여형기'가 경과되고 또한 '3년'이 지나야 결격에서 벗어난다(무기징역이나 무기금고의 가석방은 잔여형기를 10년으로 본다).
7. '특별사면'은 사면일로부터 '3년'이 지나야 결격에서 벗어난다.
8. 금고 이상의 형에 대한 '집행유예'는 결격사유에 해당하나, 선고유예나 기소유예는 결격사유에 해당하지 아니한다.
9. 법인인 개업공인중개사의 업무정지사유 발생 '당시'의 임원(사원)이 결격이며, 사유 발생 '후'에 선임된 임원(사원)은 결격사유에 해당되지 아니한다.

주의

등록취소(기준) + 3년의 적용 여부

1. 등록취소된 후, 3년의 결격기간이 적용되는 경우

이 법 제38조 제1항(절대적 등록취소사유) 중에서 제2호, 제4호~제8호 위반사유로 인하여 등록이 취소된 경우와, 이 법 제38조 제2항(상대적 등록취소사유) 중에서 제2호~제11호 위반사유로 인하여 등록이 취소된 경우에 3년의 결격사유에 해당한다.

① 이 법 제38조 제1항(절대적 등록취소) 위반사유

제2호	거짓이나 그 밖의 부정한 방법으로 중개사무소의 개설등록을 한 경우
제4호	이중으로 중개사무소의 개설등록을 한 경우
제5호	개업공인중개사가 다른 개업공인중개사의 소속공인중개사·중개보조원 또는 개업공인중개사인 법인의 사원·임원이 된 경우
제5의 2호	개업공인중개사가 고용할 수 있는 중개보조원의 수인 개업공인중개사와 소속공인중개사를 합한 수의 5배를 초과하여 중개보조원을 고용한 경우

제6호	다른 사람에게 자기의 성명 또는 상호를 사용하여 중개업무를 하게 하거나 중개사무소등록증을 양도 또는 대여한 경우
제7호	업무정지기간 중에 중개업무를 하거나 자격정지처분을 받은 소속공인중개사로 하여금 자격정지기간 중에 중개업무를 하게 한 경우
제8호	최근 1년 이내에 이 법에 의하여 2회 이상 업무정지처분을 받고 다시 업무정지처분에 해당하는 행위를 한 경우

② 이 법 제38조 제2항(상대적 등록취소) 위반사유

제2호	둘 이상의 중개사무소를 둔 경우
제3호	임시 중개시설물을 설치한 경우
제4호	법인인 개업공인중개사가 법 제14조 규정을 위반하여 겸업을 한 경우
제5호	휴업신고의무를 위반하여 계속하여 6개월을 초과하여 (무단)휴업한 경우
제6호	전속중개계약을 체결한 개업공인중개사가 중개대상물에 관한 정보를 공개하지 아니하거나 중개의뢰인의 비공개요청에도 불구하고 정보를 공개한 경우
제7호	거래계약서에 거래금액 등 거래내용을 거짓으로 기재하거나 서로 다른 둘 이상의 거래계약서를 작성한 경우
제8호	손해배상책임을 보장하기 위한 조치를 이행하지 아니하고 업무를 개시한 경우
제9호	법 제33조 제1항 각 호에 규정된 금지행위를 한 경우
제10호	최근 1년 이내에 이 법에 의하여 3회 이상 업무정지 또는 과태료의 처분을 받고 다시 업무정지 또는 과태료의 처분에 해당하는 행위를 한 경우
제11호	독점규제법을 위반하여 최근 2년 이내에 2회 이상 과징금 또는 시정조치를 공정거래위원회로부터 받은 경우

2. 결격사유로 인하여 등록이 취소된 경우에는 그 결격사유 자체가 해소되면(해소가 되어야) 중개업 종사가 가능하다. 개업공인중개사의 사망으로 등록이 취소된 경우에는 3년이 지났다고 해서 중개업에 종사할 수 있는 것이 아니다. 개인인 개업공인중개사의 해산으로 인하여 등록이 취소된 경우에는 3년의 기간과 관계없이 언제라도 법인인 개업공인중개사로 다시 등록을 하여 중개업 종사를 할 수 있다. 개업공인중개사가 등록기준의 미달로 인하여 등록이 취소된 경우에는 다시 등록기준을 충족시키면 3년의 기간과 관계없이 등록이 가능하다.

3. 개업공인중개사가 1년을 폐업한 후에 다시 등록을 한 경우, 폐업 전의 사유로 인하여 등록이 취소되었다면, 3년에서 1년(폐업기간)을 공제(뺀)한 기간인 2년간 결격기간이 된다.

4. 양벌규정에 의한 개업공인중개사의 벌금형은 결격사유가 아니다. 결격사유로 규정된 '이 법을 위반하여 벌금형의 선고를 받고 3년이 경과되지 아니한 자'에는 중개보조인 등이 중개업무에 관하여 법 제8조(유사명칭의 사용금지)에 위반하여 그 사용주인 개업공인중개사가 법 제50조의 양벌규정으로 처벌받는 경우는 포함되지 않는다(대판 2007두26568). ⇨ 주의 그러므로 양벌규정에 의하여 개업공인중개사가 벌금형의 선고를 받는다 하더라도 이로 인하여 개업공인중개사의 등록이 취소되지는 아니한다)

Thema **09**

개업공인중개사의 업무범위

① 기본 개념

(1) 중개사무소 개설등록을 한 자를 '개업공인중개사'라고 한다.

(2) '개업공인중개사'에는 모두 3종류가 있다. 「공인중개사법」 본칙(本則)에서 규정하고 있는 ① 법인인 개업공인중개사, ② 공인중개사인 개업공인중개사가 있으며, 또한 「공인중개사법」 부칙(附則)에서 규정하고 있는 ③ 부칙(附則)상의 개업공인중개사(이른바 부칙규정에 따라 등록을 한 것으로 보는 자, 중개인)가 있다.

② 개업공인중개사의 종류별 특징

(1) 개업공인중개사의 종류에 따라 지역적 범위, 겸업 범위에서 차이가 있다.

(2) 중개대상물은 개업공인중개사의 종별 구분 없이 모두 동일하다.

구 분	법인인 개업공인중개사	공인중개사인 개업공인중개사	부칙상 개업공인중개사(이른바 중개인)
업무지역적 범위	"전국" 소재 부동산	"전국" 소재 부동산	중개사무소가 소재하는 "특별시·광역시·도" 내의 부동산 + 부칙 개업공인중개사가 가입한 해당 거래정보망에 공개된 부동산 ⇨ 위반 시 업무정지사유
겸업제한	법 "제14조"에 규정된 업무에 한함 (위반시 상대적 등록취소)	법 "제14조"에 규정된 업무 + 유사업무 + 기타업무 (원칙적으로 제한 없음)	① 법 "제14조"에 규정된 업무 + 유사업무 + 기타업무(원칙적으로 제한 없음) ② 다만, 법 제14조에 규정된 업무 중에서, 경매·공매대상 부동산의 권리분석 및 취득의 알선과 입찰신청 대리는 불가

③ 법 제14조에 규정된 업무 ♀key 중·관·상·기·분·경·경

법인인 개업공인중개사의 적법한 업무	비고(유사업종과 구별)
① 〈중〉 중개업(본업)	법정 '중개보수' 제한을 받으며, 한도 초과시에는 처벌된다.
② 〈관〉 상업용 건축물 및 주택의 임대관리 등 부동산의 관리대행	임대업 ×
③ 〈상〉 부동산의 이용·개발·거래에 관한 상담(부동산 컨설팅)	개발업 ×
④ 〈기〉 기타 중개업에 부수되는 업무로서 대통령령으로 정하는 각종 용역업의 '알선'(이사업체·도배업체 등의 알선)	용역업 ×
⑤ 〈분〉 '주택' 및 '상가건물'의 분양대행	토지의 분양대행 ×, 공장건물 분양대행 ×
⑥ 〈경〉 '개업공인중개사'를 대상으로 한 중개업의 '경영기법 및 경영정보'의 제공	창업기법 및 창업정보제공 ×
⑦ 〈경〉「민사집행법」에 의한 경매 및 「국세징수법」상의 공매대상 부동산의 권리분석 및 취득의 알선과 매수신청대리업무	법원경매물건의 대리업의 경우에는 경매 대리업 등록을 한 자는 대법원예규상의 제한을 받는다.

기출 1. 법인인 개업공인중개사는 다른 개업공인중개사를 대상으로 한 중개업의 경영기법의 제공업무를 겸업할 수 있다. (○)
2. 법인인 개업공인중개사는 부동산의 이용·개발 및 거래에 관한 상담업무를 겸업할 수 있다. (○)
3. 법인인 개업공인중개사는 건설회사로부터 아파트 분양대행을 의뢰받았을 때 이를 수행할 수도 있다. (○)
4. 법인인 개업공인중개사가 중개업 창업을 준비 중인 일반인들을 대상으로 중개업의 경영기법을 제공하는 것은 적법한 업무범위에 속하지 않는다. (○)
5. 법인인 개업공인중개사는 도배·이사업을 '운영'할 수 '없다'. (○)
6. 법인인 개업공인중개사가 겸업제한을 위반할 경우, 중개사무소 개설등록이 취소될 수 있다. (○)

④ 특수법인(다른 법률에 따라 중개업을 할 수 있는 법인)

특수법인은「공인중개사법」을 근거로 중개를 하는 것이 아니라, 개별적인 특별법을 근거로 설립되고, 그 특별법을 근거로 하여 자신의 고유업과 이와 관련되는 중개를 할 수 있는 법인을 말한다. 이러한 특수법인에 대하여는「공인중개사법」이 부분적으로만 적용된다.

구 분	지역농업협동조합	지역산림조합	산업단지관리기관	한국자산관리공사
근거 법률	「농업협동조합법」	「산림조합법」	「산업집적활성화 및 공장설립에 관한 법률」	「한국자산관리 공사에 관한 법률」
중개업 등록	"등록 불요"	등록 불요	등록 불요	등록 필요
등록기준	"적용되지 않음"	적용되지 않음	적용되지 않음	적용되지 않음
업무범위	조합원을 대상으로 농지에 한해 매매, 교환, 임대차의 중개를 할 수 있다.	조합원을 대상으로 입목·임야의 매매·교환·임대차의 중개를 할 수 있다.	해당 산업단지 안의 공장용지 및 공장건축물에 대한 부동산 중개를 할 수 있다.	비업무용 부동산의 관리·매각·매매의 중개를 할 수 있다.
업무보증금	"2천만원" 이상			
분사무소 설치요건	분사무소 "책임자" 요건은「공인중개사법」이 적용되지 "않는다". 그러므로 특수법인의 분사무소 책임자가 공인중개사일 필요는 없으며, 실무교육을 받을 필요도 없다.			

고용인(사용인, 직원)

① 기본 개념

(1) 고용인(사용인, 직원)에는 소속공인중개사와 중개보조원이 있다.

(2) '소속공인중개사'는 거래계약서 작성이나 확인·설명서 작성 등의 중개업무를 수행할 수 있고, 거래계약서와 확인·설명서에 서명 및 날인의 의무가 있으며, 중개행위에 사용할 인장을 등록할 의무도 있다. 또한 부동산거래신고도 개업공인중개사를 대행하여 방문신고할 수 있다.

(3) '중개보조원'은 공인중개사 자격이 없기 때문에 중개업무를 수행할 수 없으며, 현장안내·일반서무 등 개업공인중개사의 중개업무와 관련된 단순한 업무를 보조할 수 있다. 거래계약서 작성이나 확인·설명서 작성 등의 중개업무를 수행할 수 없고, 서명 및 날인의 의무도 없으며, 인장등록의 의무도 없다. 또한 부동산거래신고도 대행할 수 없다.

② 고용인의 종류와 비교

구 분		개업공인중개사의 고용인	
		소속공인중개사	중개보조원
공통점	개업공인중개사의 신고의무	① 고용신고 : 개업공인중개사는 고용인을 고용한 경우, 등록관청에 고용신고를 하여야 한다. 고용신고는 고용인의 '업무개시 전'까지 개업공인중개사가 하여야 한다(위반시 업무정지). ② 등록관청 : 고용신고를 받은 '등록관청'은 법 제10조에 따른 '결격사유 해당 여부'와 '교육(실무교육·직무교육) 수료 여부'를 확인하여야 하며, 소속공인중개사의 자격증을 교부한 시·도지사에게 공인중개사 자격 확인을 요청해야 한다. **기출** 1. 소속공인중개사에 대한 고용신고시에는 공인중개사 자격증 사본을 첨부하여야 한다. (×) 2 중개보조원에 대한 고용신고시에는 직무교육수료증 사본을 첨부하여야 한다. (×) ③ 외국인 : 개업공인중개사가 소속공인중개사 또는 중개보조원으로 '외국인'을 고용하는 경우에는 외국인의 결격사유 없음을 증명하는 서류를 첨부하여 고용신고를 하여야 한다.	

	④ 전자문서: 고용신고는 '전자문서'에 의한 신고도 가능하다. ⑤ 종료신고: 개업공인중개사가 고용인을 해고하는 등의 이유로 고용관계가 종료가 되면, 개업공인중개사는 해고일 등의 고용관계 종료일로부터 10일 이내에 신고를 하여야 한다. 이를 위반하면 업무정지사유에 해당한다.
질적 제한	법 제10조의 결격사유에 해당하는 자를 고용하면 안 된다.

금지행위(법 제33조), 비밀준수의무(법 제29조), 결격사유(법 제10조), 이중소속 금지, 사고예방교육은 고용인 모두에게 적용된다(이는 개업공인중개사 '등'에게 모두 적용된다).

	자격증	공인중개사 자격증 보유	자격증 없음
차이점	업무범위	중개업무 수행 + '중개업무'를 보조	중개업무와 관련된 '단순업무'를 보조
	채용숫자의 제한	소속공인중개사의 채용숫자에 대한 제한규정은 없다.	① 개업공인중개사가 고용할 수 있는 "중개보조원"의 수는 개업공인중개사와 소속공인중개사를 합한 수의 5배를 초과하여서는 아니 된다. ② 개업공인중개사가 이를 위반하여 법정한도를 초과하여 중개보조원을 고용한 경우에는 등록이 취소되며(절대적 등록취소사유), 또한 1년 이하의 징역 또는 1천만원 이하의 벌금형의 대상이 된다.
	신분고지 의무	소속공인중개사는 신분고지 의무는 없다.	① 중개보조원이 현장안내 등 중개업무 보조 시에는 중개보조원임을 중개의뢰인에게 고지하여야 한다(위반시 500만원 이하의 과태료대상). ② 그를 고용한 개업공인중개사도 500만원 이하의 과태료대상이다(다만, 지도·감독을 게을리 하지 아니한 경우는 면책된다).
	서명 및 날인	(거래계약서와 확인·설명서) 서명 '및' 날인 의무	의무 없음
	인 장	인장등록 의무 있음	의무 없음
	행정처분	자격취소·자격정지의 대상	대상이 아님
	교 육	실무교육과 연수교육의 대상	직무교육의 대상

③ 개업공인중개사의 고용상의 책임

고용인의 '업무상 행위'(모든 행위 ×)는 그를 고용한 개업공인중개사의 행위로 '본다'(= 간주규정, 추정한다 ×). 그러므로 고용인의 귀책사유로 인한 중개사고에 대하여 개업공인중개사도 고용상의 책임을 지게 된다(법 제15조 제2항).

(1) 민사책임

고용인이 중개업무와 관련하여 고의·과실로서 중개의뢰인에게 재산상의 손해를 발생케 한 경우에는 그 고용인과 더불어 그를 고용한 개업공인중개사도 함께 민사상 손해배상책임(연대책임)을 지게 된다.

(2) 행정책임

고용인의 행위가 「공인중개사법」상의 행정처분으로서 등록취소나 업무정지의 대상이 되는 경우에는 그를 고용한 개업공인중개사가 등록이 취소되거나 업무정지처분을 받게 된다.

(3) 형사책임

고용인의 행위가 「공인중개사법」상의 행정형벌(징역 또는 벌금)의 대상이 되는 경우에는 그를 고용한 개업공인중개사에 대하여도 해당되는 벌금형으로 처벌한다(법 제50조 양벌규정의 적용). 다만, 양벌규정에 따라 개업공인중개사가 벌금형의 선고를 받아도 이는 결격(법 제10조)으로 처리되는 것은 아니며(판례), 벌금만 내면 된다. 또한 이러한 양벌규정에 의한 벌금형은 반드시 부과되는 것은 아니며, 개업공인중개사가 그 고용인에 대한 관리·감독상의 주의의무를 게을리 하지 않은 경우에는 면책조항이 적용되어, 벌금형의 선고를 받지 않는다.

판례

1. **고용인의 업무상 행위**
   ① '업무상 행위'의 개념은 단순히 '권리의 득실·변경에 관한 행위를 알선하는 것'뿐만 아니라 중개보조원이 중개의뢰인이 맡겼던 계약금을 횡령한 경우에도 중개업무와 관련된 행위로 본다(대판 67다2222).
   ② 고용인의 업무상 행위는 외형상 객관적으로 고용인의 사업활동 내지 사무집행행위 또는 그와 관련된 것이라고 보일 때에는 행위자의 주관적 사정을 고려하지 않는다(대판 94다43115).

2. **구상권**
   사용자는 손해의 공평한 분담이라는 견지에서 신의칙상 상당하다고 인정되는 한도 내에서만 피용자에 대하여 손해배상을 청구하거나 그 구상권을 행사할 수 있다(대판 2009다59350).

중개사무소 설치 및 이전

Thema 11

1 기본 개념

(1) 개업공인중개사는 등록관청 관할구역 안에 중개사무소를 설치하여야 한다. 사무소는 건축물대장에 기재된 건물(준공검사·사용승인 등을 포함)에 설치하여야 하며, 사무소 보이기 쉬운 곳에 등록증과 자격증 등을 게시하여야 한다.

(2) 중개사무소를 이전한 경우에는 이전신고를 하여야 하며, 기존의 등록증을 재교부(동일 등록관청 관할 내에서는 변경교부 가능)를 받아서 이전 후의 등록증을 중개사무소에 게시하여야 한다.

(3) 1등록 1사무소 원칙에 따라 개업공인중개사는 중개사무소를 1개소만 설치할 수 있다. 다만, 법인인 개업공인중개사는 주된 사무소(본점) 이외에도 다른 시·군·구별로 1개씩의 분사무소(지점)를 설치할 수 있다. 또한 개업공인중개사들은 상호 합의(승낙)하여 중개사무소 공간을 공동으로 활용할 수도 있다.

2 중개사무소의 설치

원칙	① 1등록 1사무소 원칙(단, 법인은 분사무소 설치 가능) ㉠ 개업공인중개사는 그 등록관청의 관할구역 안에 중개사무소를 두되, 1개의 중개사무소만을 둘 수 있다(법 제13조 제1항). 즉, 1등록 1중개사무소의 원칙이 적용된다. ㉡ 다만, 법인인 개업공인중개사는 대통령령으로 정하는 기준과 절차에 따라 등록관청에 신고하고 그 관할구역 외의 지역에 분사무소를 둘 수 있다(법 제13조 제3항). ② 이중사무소(임시시설물) 설치금지: 개업공인중개사는 2개 이상의 사무소를 두어서는 아니 되며, 천막, 그 밖에 이동이 용이한 임시 중개시설물을 설치하여서는 아니 된다. 위반시에는 등록이 취소될 수 있으며(상대적 등록취소사유), 또한 1년 이하의 징역 또는 1천만원 이하의 벌금에 처한다.
위치	등록관청 관할구역 안에 중개사무소를 두어야 한다.

명칭	① 개업공인중개사는 중개사무소 명칭으로 '공인중개사 사무소' 또는 '부동산중개'라는 명칭을 사용하여야 한다. 위반시에는 100만원 이하의 과태료처분대상이 된다. ② 부칙상의 개업공인중개사는 '부동산중개'라는 명칭을 사용하여야 한다. 위반시에는 100만원 이하의 과태료처분대상이 된다. ③ 개업공인중개사가 아닌 자는 이러한 명칭이나 유사명칭을 사용하여서는 아니 된다. 위반시에는 1년 이하의 징역 또는 1천만원 이하의 벌금형의 대상이 된다. 기출 1. 공인중개사인 개업공인중개사는 사무소의 명칭에 '공인중개사 사무소' 또는 '부동산중개'라는 문자를 사용해야 한다. (○) 2. '개업공인중개사'가 아닌 자가 '공인중개사 사무소' 명칭을 사용할 경우 1년 이하의 징역 또는 1천만원 이하의 벌금에 처한다. (○)
게시의무	개업공인중개사는 다음의 것을 중개사무소 보이기 쉬운 곳에 게시하여야 한다. 위반시에는 100만원 이하의 과태료처분대상이 된다. ♀key 등·자·보·수 ① 〈등〉 중개사무소 등록증 원본(분사무소는 분사무소설치신고확인서 원본) ② 〈자〉 개업공인중개사 및 소속공인중개사의 공인중개사 자격증 원본 ③ 〈보〉 보증(업무보증)의 설정을 증명할 수 있는 서류 ④ 〈수〉 중개보수·실비의 요율 및 한도액표(주택 외의 중개대상물에 대하여는 0.9% 내에서 자기가 받고자 하는 중개보수의 상한요율 명시) ⑤ 〈등〉「부가가치세법 시행령」제11조에 따른 사업자등록증 원본 기출 중개사무소 안의 보이기 쉬운 곳에 '실무교육수료증'을 게시하여야 한다. (×)
기 타	① 중개사무소 면적에는 제한이 없다. ② 반드시 개업공인중개사 본인 명의로 소유 또는 임차하여야 하는 것은 아니다. 개업공인중개사가 사용권한만 있으면 된다. ③ 가설건축물, 무허가건물 등의 불법건축물에는 사무소 설치가 인정되지 않는다.
옥외 광고물 중 간판	① 옥외광고물 중 간판(벽면이용간판, 돌출간판, 옥상간판 등)에 등록증에 기재된 개업공인중개사의 '성명'을 표기하여야 한다. 법인은 대표자, 분사무소는 '책임자'의 이름을 표기하여야 하며, 성명의 크기는 인식할 수 있는 크기로 표기하여야 한다. 위반시 100만원 이하의 과태료처분대상이 된다. 기출 법인인 개업공인중개사가 '분사무소'의 옥상간판을 설치하는 경우 법인의 '대표자' 성명을 인식할 수 있는 정도의 크기로 표기해야 한다. (×) ② '등록관청'은 간판 규정 위반시 그 간판의 철거를 명할 수 있으며, 불응시「행정대집행법」에 의한 대집행을 할 수 있다.
간판철거 의무	① 개업공인중개사는 '등록이 취소'되거나, '폐업신고'를 했거나, 중개사무소를 '이전'한 경우에는 '지체 없이' 중개사무소의 간판을 철거하여야 한다. ② 등록관청은 간판의 철거를 개업공인중개사가 이행하지 아니하는 경우에는「행정대집행법」에 따라 대집행을 할 수 있다.

③ 중개사무소의 이전

이전신고	① 중개사무소를 이전한 후에 (사후신고) '10일 이내'에 등록관청에 이전사실을 신고하여야 한다. 위반시 '100만원 이하'의 과태료에 처한다. ② 중개사무소를 관할구역(중개사무소 소재지 시·군·구) '밖'으로 이전한 경우에는 이전 '후'의 등록관청에 이전신고를 하여야 한다. **기출** 개업공인중개사가 중개사무소를 관할구역 외의 지역으로 이전한 때에는 이전 전의 중개사무소를 관할하는 등록관청에 신고하여야 한다. (×)
이전신고시 제출서류	**개업공인중개사가 중개사무소 이전신고를 할 때에는 다음의 서류를 제출하여야 한다.** **key** 이·사·등 ① 〈이〉 이전신고서(법정서식) ② 〈사〉 사무소확보 증명서류[= 임대차계약서 등(건축물대장이 없는 경우에는 '지연사유서'를 첨부하여야 한다)] ③ 〈등〉 등록증 원본(분사무소는 분사무소설치신고확인서 원본) 　㉠ '관할구역 밖으로' 이전시에는 등록증 '재교부'가 되며, 이 경우 등록증 재교부신청에 준하는 행정수수료를 납부하여야 한다. 　㉡ '동일 관할구역 내'에서 이전시에는 등록증을 '변경'하여 교부할 수 있다. 이 경우에는 행정수수료를 납부하지 않는다. **기출** 등록관청의 관할구역 '외'의 지역으로 이전한 경우에, 이전신고를 받은 등록관청은 원래의 중개사무소 등록증에 '변경'사항을 기재하여 이를 교부할 수 있다. (×)
서류송부 (관할구역 밖으로 이전한 경우)	① 이전신고를 받은 '이전 후'의 등록관청은 '종전(이전 전)'의 등록관청에 관련 서류를 송부하여 줄 것을 요청하여야 한다. ② 이 경우 종전(이전 전) 등록관청은 '지체 없이' 관련 서류를 이전 후 등록관청에 송부하여야 한다. ③ 송부하는 서류 **key** 등·등·1 　㉠ 〈등〉 중개사무소 등록대장 　㉡ 〈등〉 중개사무소 개설등록 신청서류 　㉢ 〈1〉 최근 '1년간'의 행정처분서류 및 행정처분절차가 '진행 중'인 경우 그 관련 서류
행정처분의 승계	① 중개사무소를 이전해도 개업공인중개사의 지위는 그대로 승계된다. ② 중개사무소 이전신고 전에 발생한 사유로 인한 개업공인중개사에 대한 행정처분은 '이전 후'의 등록관청이 이를 행한다.

④ 법인인 개업공인중개사의 분사무소 설치 및 이전

분사무소 설치요건	법인인 개업공인중개사에 한하여 분사무소를 설치할 수 있다. 분사무소를 설치할 때에는 다음의 요건을 갖추어야 한다. ♀key 책·보·시·주 ① 〈책〉 분사무소의 책임자는 반드시 공인중개사이어야 하며, 실무교육을 수료하여야 하고, 결격사유가 없어야 한다(특수법인에는 적용되지 아니한다). 　　기출 다른 법률의 규정에 따라 중개업을 할 수 있는 법인의 분사무소에는 공인중개사를 책임자로 두어야 한다. (×) ② 〈보〉 업무보증 설정 : 분사무소별로 2억원 이상 추가로 설정하여야 한다. ③ 〈시〉 시·군·구별로 1개소를 초과할 수 없다(시·도 ×). 　　기출 법인인 개업공인중개사의 분사무소는 '시·도'별로 1개소를 초과할 수 없다. (×) ④ 〈주〉 주된 사무소의 소재지가 속한 시·군·구를 '제외'한 시·군·구별로 설치하여야 한다. 　　기출 법인인 개업공인중개사는 주된 사무소와 분사무소를 같은 시·군·구 관할 내에 둘 수 있다. (×)
분사무소 설치신고	① 분사무소설치신고는 '주된 사무소' 소재지 등록관청에 신고를 하여야 한다. ② 설치신고를 받은 주된 사무소 등록관청은 7일 이내에 신고확인서를 교부하여야 한다. ③ 설치신고를 받은 주된 사무소 등록관청은 '지체 없이' 분사무소 시·군·구청장에게 통보하여야 한다.
분사무소 이전신고	① 분사무소를 이전한 날로부터 '10일' 이내, '주된' 사무소 등록관청에 신고하여야 한다. ② 이전신고시에는 사무소이전신고서 + 사무소확보 증명서류(임대차 계약서 등 + 대장이 없는 건물의 경우에는 대장지연사유서를 첨부) + 신고확인서 원본을 제출하여야 한다. ♀key 이·사·신 ③ 이전신고를 받은 주된 사무소 등록관청은 '지체 없이' 그 분사무소의 '이전 전' '및' '이전 후' 소재지를 관할하는 시·군·구청장에게 모두 이를 통보하여야 한다. 　　기출 주된 사무소는 강남구에 소재하고, 분사무소가 분당구에서 동탄구로 이전한 경우, 분사무소 이전신고는 강남구청장에게 하여야 하고, 강남구청장은 지체 없이 분당구청장과 동탄구청장에게 모두 통보하여야 한다. (○)
통 보	분사무소 설치신고나 이전신고를 받은 등록관청은 다음 달 10일까지 공인중개사협회에 이를 통보하여야 한다.

⑤ 중개사무소 공동활용(공동사무소)

공동사무소 설치	① 임의사항 : 개업공인중개사는 그 업무의 효율적인 수행을 위하여 다른 개업공인중개사와 중개사무소를 공동으로 '사용할 수' 있다. ② 신규등록시 또는 이전신고시에 기존 개업공인중개사의 (사용) '승낙서'를 첨부하여 등록(신고)하여야 한다. ③ 개업공인중개사의 종별 및 설치의 유형에 대한(이전신고든, 신규등록이든) 제한이 없다. ④ 공동사무소 대표자는 없다. ⑤ 공동사무소 설치신고를 따로 할 필요가 없다.
공동사무소 설치 제한	① '업무정지'기간 중인 개업공인중개사가 다른 개업공인중개사에게 중개사무소의 공동사용을 위하여 승낙서를 주는 방법으로는 공동사무소를 설치할 수 없다. ② '업무정지'기간 중인 개업공인중개사가 다른 개업공인중개사의 중개사무소를 공동으로 사용하기 위하여 중개사무소의 이전신고를 하는 방법으로는 공동사무소를 설치할 수는 없다. ③ 업무정지처분을 받은 개업공인중개사가 영업정지처분을 받기 전부터 '이미' 중개사무소를 공동사용 중인 '다른' 개업공인중개사는 공동활용이 '가능'하다.
운영 (각자)	① 구성 개업공인중개사가 '각자' 운영하고 '각자' 책임진다. ② 업무보증, 인장등록, 고용인 고용, 부동산 거래신고 등 '각자' 개별적으로 하여야 한다.

주의

① 중개사무소 이전신고시 제출서류는 동일하다.
② 관할구역 "이내"에서 이전할 때에만 등록증 "변경교부"가 가능하다.
③ 관할구역 "이외"로 이전한 경우에는 등록관청끼리의 "서류송부"가 있다.
④ 건축물대장이 없는 건물로 이전시에는 대장지연사유서를 첨부하여야 한다.

인장등록

1 인장등록의 의무

개업공인중개사	개업공인중개사는 '업무개시 전'까지 인장등록을 '하여야' 한다. 다만, 중개사무소 개설등록 신청시, 또는 고용신고시에도 '할 수' 있다.
소속공인중개사	소속공인중개사는 업무개시 전까지 인장등록을 '하여야' 한다. 다만, 중개사무소 개설등록 신청시, 또는 고용신고시에도 '할 수' 있다. **기출** 소속공인중개사의 인장등록신고는 해당 소속공인중개사의 고용신고와 같이 하여야 한다. (×)
전자문서	인장등록은 '전자문서'에 의한 등록도 가능하다. **♀key** 인장－전자

2 등록할 인장(중개보조원은 인장등록을 하지 않음)

구 분		법인인 개업공인중개사의 등록할 인장	등 록
중개법인	주된사무소	법인인 개업공인중개사는 「상업등기규칙」에 의하여 신고한 '법인의 인장'으로 등록을 하여야 한다(법인 대표자 개인인장 ×). **기출** 법인인 개업공인중개사의 인장등록은 「상업등기규칙」에 따른 인감증명서의 제출로 갈음한다. (○)	등록관청
	분사무소	① 원칙 : 「상업등기규칙」에 의하여 신고한 '법인의 인장'이어야 한다 (분사무소 책임자 ×). ② 예외 : 「상업등기규칙」에 의하여 법인의 대표자가 보증하는 인장으로 등록'할 수' 있다. **기출** 1. 법인의 분사무소에서 사용할 인장의 경우에는 '분사무소'를 관할하는 시장·군수 또는 구청장에게 등록하여야 한다. (×) 2. 분사무소에서 사용할 인장의 경우, 「상업등기규칙」의 규정에 따라 법인의 대표자가 보증하는 인장을 등록'하여야' 한다. (×)	'주사무소'소재지등록관청

구 분	개인의 등록할 인장	등 록
공인중개사인 개업공인중개사, 부칙상 개업공인중개사, 소속공인중개사	♀key 가·주·치·세 법인이 아닌 개인은 개인의 인장으로서, '가족관계등록부'나 '주민등록표'에 기재된 성명(실명)이 나타난 인장으로, 그 크기는 가로·세로 각각 '7mm' 이상, '30mm' 이하의 인장으로 등록을 하여야 한다. 기출 1. 공인중개사인 개업공인중개사가 등록할 인장은 원칙적으로 가로·세로 각각 10mm 이상, 30mm 이내인 인장이어야 한다. (×) 2. 법인이 아닌 개업공인중개사의 인장등록은 「인감증명법」에 따른 인감증명서의 제출로 갈음한다. (×)	등록관청 (인장등록 신고서 제출)
인장변경	① 인장이 변경된 경우에는 변경 후 '7일 이내'에 변경 등록하여야 한다. ② 등록인장 변경신고서를 제출한다. 기출 등록한 인장을 변경한 경우에는 변경일로부터 '10일' 이내에 그 변경된 인장을 등록관청에 등록하여야 한다. (×)	
등록증 첨부	인장등록을 하거나 등록인장 변경을 할 때에는 중개사무소 개설등록증(원본)을 첨부하여야 한다(등록증이 발급된 경우).	
제재 (~정지)	인장을 등록하지 않거나, 등록된 인장을 사용하지 않은 경우 다음과 같은 제재를 받는다. ♀key 인장-정지 ① 개업공인중개사: 업무정지 ② 소속공인중개사: 자격정지	

중개대상물 광고 및 모니터링

1 개업공인중개사의 **성명표기의무**(광고실명제)

(1) 개업공인중개사가 중개대상물 표시 · 광고를 하려면 다음의 사항을 명시하여야 한다.

① 중개사무소 소재지, 연락처, 명칭, 등록번호

② 개업공인중개사의 성명(법인은 대표자의 성명, 분사무소는 책임자 성명)

(2) 개업공인중개사는 중개대상물에 대한 '인터넷' 광고의 경우에는 소재지, 면적, 가격, 종류, 거래형태의 사항을 추가하여 세부적으로 명시하여야 한다. **♀key** 소 · 면 · 가 · 종 · 형

> **영 제17조의2 【중개대상물의 표시 · 광고】** ② 법 제18조의2 제2항에서 "대통령령으로 정하는 소재지, 면적, 가격 등의 사항"이란 다음 각 호의 사항을 말한다.
>
> 1. 소재지   2. 면적   3. 가격
> 4. 중개대상물 종류   5. 거래 형태
> 6. 건축물 및 그 밖의 토지의 정착물인 경우 다음 각 목의 사항
>   **♀key** 총 · 사 · 방 · 방 · 욕 · 입 · 주 · 관
>   가. 총 층수
>   나. 「건축법」 또는 「주택법」 등 관련 법률에 따른 사용승인 · 사용검사 · 준공검사 등을 받은 날
>   다. 해당 건축물의 방향, 방의 개수, 욕실의 개수, 입주가능일, 주차대수 및 관리비

(3) 개업공인중개사 '아닌' 자는 중개대상물 표시 · 광고를 하여서는 아니 되며, 위반시에는 1년 이하의 징역 또는 1천만원 이하의 벌금형에 처한다.

2 개업공인중개사의 **부당한 표시 · 광고의 금지**

(1) 개업공인중개사는 다음의 부당한 표시 · 광고를 하여서는 아니 된다.

① 중개대상물이 존재하지 않아서 실제로 거래할 수 없는 중개대상물에 대한 표시 · 광고(허위광고)

② 가격 등 내용을 사실과 다르게 거짓으로 표시 · 광고를 하거나, 과장되게 하는 표시 · 광고(거짓광고, 과장광고)

③ 기타 거래질서를 해치거나, 중개의뢰인에게 피해를 줄 우려가 있는 다음의 표시·광고(반 거래질서 광고, 피해성 광고) 등

    ㉠ 중개대상물이 존재하지만, 실제로 중개의 대상이 될 수 없는 중개대상물에 대한 표시·광고

    ㉡ 중개대상물이 존재하지만, 실제로 중개할 의사가 없는 중개대상물에 대한 표시·광고

    ㉢ 소비자가 중개대상물을 선택함에 있어 중요한 사실을 은폐, 누락, 축소하는 등의 방법으로 소비자를 기만하는 표시·광고

(2) 위반시에는 등록관청은 500만원 이하의 과태료를 부과할 수 있다.

③ 국토교통부장관의 인터넷 광고에 대한 모니터링

모니터링	① '국토교통부장관'은 인터넷을 이용한 중개대상물 표시·광고가 적법한지 여부를 모니터링을 할 수 있다. ② '국토교통부장관'은 모니터링을 위하여 필요한 경우에는 '정보통신서비스 제공자'에게 관련 자료의 제출을 요구할 수 있으며, 불응시에는 500만원 이하의 과태료를 부과할 수 있다. ③ '국토교통부장관'은 모니터링 결과에 따라 '정보통신서비스 제공자'에게 필요한 조치를 요구할 수 있다. 불응시에는 500만원 이하의 과태료를 부과할 수 있다.
모니터링 기관	① '국토교통부장관'은 법 제18조의3 제4항에 따른 모니터링 업무를 대통령령으로 정하는 기관에 위탁할 수 있다. **영 제17조의3 【인터넷 표시·광고 모니터링 업무의 위탁】** ① 국토교통부장관은 법 제18조의3 제4항에 따라 다음 각 호의 어느 하나에 해당하는 기관에 같은 조 제1항에 따른 모니터링 업무를 위탁할 수 있다. 1. 「공공기관의 운영에 관한 법률」 제4조에 따른 공공기관 2. 「정부출연연구기관 등의 설립·운영 및 육성에 관한 법률」 제2조에 따른 정부출연연구기관 3. 「민법」 제32조에 따라 설립된 비영리법인으로서 인터넷 표시·광고 모니터링 또는 인터넷 광고 시장 감시와 관련된 업무를 수행하는 법인 4. 그 밖에 인터넷 표시·광고 모니터링 업무 수행에 필요한 전문인력과 전담조직을 갖췄다고 국토교통부장관이 인정하는 기관 또는 단체 ② 국토교통부장관은 제1항에 따라 업무를 위탁하는 경우에는 위탁받는 기관 및 위탁 업무의 내용을 고시해야 한다. ② '국토교통부장관'은 영 제17조의3 제1항에 따른 업무위탁기관에 예산의 범위에서 위탁 업무 수행에 필요한 예산을 지원할 수 있다.

모니터링 절차	**규칙 제10조의3【인터넷 표시·광고 모니터링 업무의 내용 및 방법 등】** ① 법 제18조의3 제1항에 따른 모니터링 업무는 다음 각 호의 구분에 따라 수행한다. 1. '기본 모니터링' 업무 : 제2항 제1호에 따른 모니터링 기본계획서에 따라 분기별로 실시하는 모니터링 &key 기·분·삼·삼 2. '수시 모니터링' 업무 : 법 제18조의2를 위반한 사실이 의심되는 경우 등 국토교통부장관이 필요하다고 판단하여 실시하는 모니터링 ② 영 제17조의3 제2항에 따라 고시된 모니터링 업무 수탁기관(이하 "모니터링 기관"이라 한다)은 제1항에 따라 업무를 수행하려면 다음 각 호의 구분에 따라 계획서를 국토교통부장관에게 제출해야 한다. 1. 기본 모니터링 업무 : 모니터링 대상, 모니터링 체계 등을 포함한 다음 연도의 모니터링 기본계획서를 매년 12월 31일까지 제출할 것 2. 수시 모니터링 업무 : 모니터링의 기간, 내용 및 방법 등을 포함한 계획서를 제출할 것 ③ 모니터링 기관은 제1항에 따라 업무를 수행한 경우 해당 업무에 따른 결과보고서를 다음 각 호의 구분에 따른 기한까지 국토교통부장관에게 제출해야 한다. 1. 기본 모니터링 업무 : 매 분기의 마지막 날부터 '30일' 이내 2. 수시 모니터링 업무 : 해당 모니터링 업무를 완료한 날부터 '15일' 이내 ④ '국토교통부장관'은 제3항에 따라 제출받은 결과보고서를 시·도지사 및 등록관청에 통보하고 필요한 조사 및 조치를 요구할 수 있다. ⑤ '시·도지사 및 등록관청'은 제4항에 따른 요구를 받으면 '신속하게' 조사 및 조치를 완료하고, 완료한 날부터 '10일 이내'에 그 결과를 국토교통부장관에게 통보해야 한다. ⑥ 제1항부터 제5항까지에서 규정한 사항 외에 모니터링의 기준, 절차 및 방법 등에 관한 세부적인 사항은 '국토교통부장관'이 정하여 고시한다.

휴업과 폐업

개업공인 중개사의 휴업신고	① 개업공인중개사는 3개월을 초과하는 휴업을 하고자 하는 경우에는 휴업신고를 미리 사전에 하여야 한다. 3개월 이하의 휴업은 신고를 할 필요 없다.
	② 3개월을 '초과'하여 휴업을 하고자 하는 경우에는 등록증(분사무소는 신고확인서) 원본을 첨부하여 미리 신고하여야 한다.
	③ 등록증 원본을 첨부하여 '방문신고'하여야 한다. 전자문서로는 할 수 없다.
	    ♀key 휴폐－빵
	기출 1. 개업공인중개사는 '1개월'을 초과하는 휴업을 하고자 하는 경우에는 등록관청에 이를 신고하여야 한다. (×)
	     2. 등록을 한 후 3개월을 초과하도록 업무를 개시하지 아니하면 100만원 이하의 과태료에 처한다. (○)
	     3. '휴업신고'는 전자문서에 의하여 할 수 있다. (×)

휴업기간 변경신고	① 개업공인중개사가 휴업기간을 변경하고자 할 때 미리 신고하여야 한다(사전신고). ② 휴업기간 '변경신고'는 '전자문서'에 의해서도 가능하다. ♀key 재변－전자 **기출** 1. 휴업기간 '변경신고'는 전자문서에 의해서도 가능하다. (○) 2. 휴업기간의 변경신고를 할 경우, 중개사무소 등록증을 첨부하여야 한다. (×)
업무 재개신고	① 개업공인중개사는 휴업신고를 한 후, 다시 중개업무를 재개하고자 할 때 미리 신고하여야 한다(사전신고). ② '등록관청'은 휴업신고 때 반납 받았던 개업공인중개사의 '등록증'을 즉시 '반환'하여야 한다(등록증 재교부가 아니므로, 행정수수료를 납부하지 아니한다). ③ '재개신고'는 '전자문서'에 의해서도 가능하다. ♀key 재변－전자
폐업신고	① 개업공인중개사가 폐업을 하고자 하는 경우에는, '등록증' 원본(분사무소는 신고확인서)을 첨부하여 등록관청에 미리 '방문신고'하여야 한다. ♀key 휴폐－빵 **기출** '폐업신고'는 전자문서에 의하여 할 수 있다. (×) ② 폐업신고가 수리된 이후에도 중개업을 계속한 경우에는 무등록 중개업으로 처벌된다. ③ 폐업신고 이후에 다시 개업공인중개사로 업무를 수행하려면 재개신고를 하는 것이 아니고, 등록을 다시 하여야 한다.

위반시 제재	① 휴업신고, 폐업신고, 재개신고, 휴업기간 변경신고는 모두 사전신고에 해당하며, 미리 신고를 하지 아니한 경우에는 '100만원' 이하의 과태료사유에 해당한다. ② 휴업기간은 '6개월'을 초과할 수 없다. 다만, 부득이한 사유(질병으로 인한 요양, 징집으로 인한 입영, 취학, 임신 또는 출산, 공무, 그 밖에 이에 준하는 사유)가 있는 경우에는 6개월 초과가 가능하다. ③ 부득이한 사유 없이 6개월을 초과한 무단 휴업은 '상대적 등록취소'사유이다.
휴업 · 폐업 신고의 일원화	① 휴업신고, 폐업신고, 휴업기간 변경신고, 재개신고를 하려는 자가 「부가가치세법」에 따른 신고를 '같이' 하려는 경우에는 「부가가치세법」상의 신고서에 중개사법의 신고서를 '함께' 제출해야 한다. 이 경우 '등록관청'은 함께 제출받은 신고서를 지체 없이 관할 세무서장에게 송부(정보통신망을 이용한 송부를 포함)해야 한다(영 제18조 제3항). ② 관할 '세무서장'이 「부가가치세법 시행령」에 따라 위의 신고서를 받아 해당 등록관청에 '송부'한 경우에는 위의 신고서가 '제출'된 것으로 본다(영 제18조 제4항).
간판철거	휴업신고시에는 중개사무소 간판을 철거할 필요는 없으나, 폐업신고를 한 경우에는 지체 없이 중개사무소 간판을 철거하여야 한다.

주의

분사무소의 휴업과 폐업신고
1. 법인인 개업공인중개사는 분사무소를 둔 경우에는 분사무소별로 휴업신고, 휴업기간변경신고, 업무재개신고, 폐업신고를 할 수 있다.
2. 분사무소의 휴업신고나 폐업신고 등은 모두 '주된' 사무소 소재지 등록관청에 하여야 한다.
3. 분사무소의 휴업신고와 폐업신고는 등록증 대신에 분사무소 '설치신고확인서'를 첨부하여 신고하여야 한다.
4. 분사무소에 대한 업무재개신고를 받은 등록관청은 신고확인서를 '즉시' 반환하여야 한다.

기본윤리와 중개계약

1 기본윤리

> **법 제29조 【개업공인중개사 등의 기본윤리】** ① '개업공인중개사' 및 '소속공인중개사'는 전문직업인으로서 지녀야 할 품위를 유지하고 신의와 성실로써 공정하게 중개 관련 업무를 수행하여야 한다. ② '개업공인중개사 등'은 이 법 및 다른 법률에 특별한 규정이 있는 경우를 제외하고는 그 업무상 알게 된 비밀을 누설하여서는 아니 된다. 개업공인중개사 등이 그 업무를 떠난 후에도 또한 같다.

주의

개업공인중개사의 기본윤리상의 의무

1. **선량한 관리자의 주의의무**
   부동산개업공인중개사와 중개의뢰인과의 법률관계는 민법상의 위임관계와 같으므로 **개업공인중개사는 중개의뢰의 본지에 따라 선량한 관리자의 주의로써 의뢰받은 중개업무를 처리하여야 할 의무가 있다**(대판 92다55350). (자기재산과 동일한 정도의 주의의무 ×)
   ✿ 선량한 관리자의 주의의무는 공인중개사법령상의 규정은 없지만, 판례에서 인정하는 개업공인중개사의 의무이다.

2. **비밀준수의무**
   ① 개업공인중개사 등에게 모두 적용되는 의무이므로, 중개보조원에게도 적용이 된다.
   ② 위반시에는 1년 이하의 징역 또는 1천만원 이하의 벌금에 처한다. 반의사불벌죄(反意思不罰罪)로 피해자(의뢰인)의 명백한 의사에 반(反)해서는 처벌하지 않는다(不罰). (친고죄 ×)

2 일반중개계약상의 의무

주의

1. 부동산중개계약은 중개의뢰인과 개업공인중개사 사이에 체결되는 계약이다. 중개를 의뢰하고(청약), 중개를 해 주기로 약속(승낙)하는 계약을 말한다.
2. 부동산중개계약은 민사중개계약이며, 낙성·쌍무계약에 해당한다.
3. 「공인중개사법」에서는 불특정다수의 개업공인중개사에게 중개의뢰를 하고, 그중에서 가장 먼저 거래를 성사시킨 개업공인중개사에게 보수를 지급하는 '일반중개계약'과 특정한 개업공인중개사를 지정(특정)하여, 그 개업공인중개사에 한하여 중개를 하도록 하는 '전속중개계약'이 규정되어 있다.

법 제22조 【일반중개계약】 중개의뢰인은 중개의뢰내용을 명확하게 하기 위하여 필요한 경우에는 개업공인중개사에게 다음 각 호의 사항을 기재한 일반중개계약서의 작성을 '요청할 수' 있다.
1. 중개대상물의 위치 및 규모
2. 거래예정가격
3. 거래예정가격에 대하여 제32조에 따라 정한 중개보수
4. 그 밖에 개업공인중개사와 중개의뢰인이 준수하여야 할 사항

작성요청 (임의적)	① 중개의뢰인은 중개의뢰 내용을 명확하게 하기 위하여 필요한 경우에는 개업공인중개사에게 일반중개계약서의 작성을 '요청할 수' 있다. ② 요청을 받은 경우라도, 개업공인중개사는 일반중개계약서를 작성할 의무는 '없다'.
권장서식 (임의적)	① 국토교통부장관은 표준이 되는 서식을 정하여 그 사용을 권장할 수 있다. ② 권장서식은 국토교통부령으로 정해져 있으나, 이를 사용할 의무는 '없다'. ③ 개업공인중개사는 일반중개계약서를 작성·교부한 경우이더라도, 이를 보존해야 할 의무는 '없다'. ④ 일반중개계약을 체결한 개업공인중개사는 물건에 대한 정보를 공개할 의무가 '없다'. 또한 업무 처리상황을 의뢰인에게 문서로 통지할 의무가 '없다'.

③ 전속중개계약상의 의무

(1) 전속개업공인중개사의 의무

구 분	의무사항	위반시
전속중개 계약상의 의무	① 전속중개계약서 작성의무 : 전속중개계약을 체결한 개업공인중개사는 전속중개계약서를 '작성하여야' 한다. 전속중개계약서는 법정강제서식을 '사용하여야' 하며, 작성하여 의뢰인에 교부하고, 개업공인중개사는 3년 동안 '보존하여야' 한다.	업무정지
	② 정보공개의무 : 전속중개계약을 체결한 개업공인중개사는 물건에 대한 정보를 '7일 이내'에 거래정보망 '또는' 일간신문에 공개하여야 한다 (택 1). 다만, 의뢰인이 비공개를 요청한 경우에는 공개해서는 아니 된다.	상대적 등록취소 (업무정지)
	③ 통지의무 : 공개한 정보의 내용을 의뢰인에게 '지체 없이' 문서로 통지하여야 한다. ④ 업무 처리상황 보고의무 : 전속중개계약을 체결한 개업공인중개사는 '2주일에 1회' 이상 업무 처리상황을 의뢰인에게 문서로써 보고·통지하여야 한다.	업무정지

(2) 전속중개계약시 정보공개사항

전속중개계약을 체결한 개업공인중개사는 물건에 대한 정보를 공개할 때에는 다음의 사항을 공개하여야 한다.

① 〈기〉 중개대상물을 특정하기 위하여 필요한 사항('기본적'인 사항)
② 〈권〉 중개대상물의 '권리관계'에 관한 사항(다만, 각 권리자의 주소·성명 등 인적사항에 관한 정보는 공개하여서는 아니 된다) ★
③ 〈공법〉 '공법'상 이용제한 및 거래규제에 관한 사항
④ 〈수〉 '수도'·전기·가스 등의 상태
⑤ 〈벽〉 '벽면' 및 도배의 상태
⑥ 〈일〉 '일조'·소음·진동 등 환경조건
⑦ 〈도〉 '도로' 등과의 근접성, 지형 등 입지조건
⑧ 〈거·지〉 '거래예정금액' 및 '공시지가'(다만, 임대차의 경우 공시지가를 공개하지 아니할 수 있다) ★

(3) 중개의뢰인의 책임

의뢰인이 전속계약의 유효기간 이내	전속중개의뢰인이 '다른' 개업공인중개사의 중개를 통해 거래계약을 체결한 경우	거래상대방을 소개해 준 전속 개업공인중개사를 '배제'하고 직거래를 한 경우	전속중개의뢰인이 '스스로' 발견한 상대방과 직거래를 한 경우
	체결된 거래계약은 모두 '유효'하다.		
전속계약 (유효기간 3개월 원칙)	약정보수 100% 해당 금액을 '위약금'으로 지급하여야 한다.		약정보수의 50% 범위 내에서 개업공인중개사의 '비용'을 지급하여야 한다.

기출 1. 중개의뢰인이 전속중개계약의 유효기간 내에 스스로 발견한 상대방과 직접 거래한 경우, 중개의뢰인은 개업공인중개사에게 중개보수의 50%를 지급할 의무가 있다. (×)
2. 전속중개계약의 유효기간은 3개월이 원칙이며, 특약으로 달리 정할 수도 있다. (○)

Thema 16 일반중개계약서와 전속중개계약서

구 분	일반중개계약서 서식(권장서식)	전속중개계약서 서식(강제서식)
차이점	① 乙(개업공인중개사)의 의무사항 ② 甲(의뢰인)의 의무사항(협조의무는 공통)	① 乙(개업공인중개사)의 의무사항 ② 甲(의뢰인)의 의무사항(협조의무는 공통)

기출 1. 일반중개계약서, 전속중개계약서 서식은 모두 별지서식으로 정해져 있다. (○)

2. 일반중개계약서와 전속중개계약서 서식에는 개업공인중개사가 중개대상물의 확인·설명 의무를 이행하는 데 중개의뢰인이 '협조'해야 함을 명시하고 있다. (○)

공통점

① 유효기간 : 3개월을 원칙, 협의하여 별도로 정할 수 있음
② 중개보수 : 거래금액의 (   )% (또는   원)
③ 乙(개업공인중개사)의 손해배상책임

　　기출 일반중개계약서와 전속중개계약서 서식상의 개업공인중개사의 손해배상책임에 관한 기술의 내용은 동일하다. (○)

④ 그 밖의 사항 : 별도의 사항에 대하여 합의하여 정할 수 있음
　ㄱ 계약서 2통 작성하여 각자 서명 또는 날인 후 1통씩 보관
　ㄴ 소속공인중개사는 서명·날인 의무가 없음
⑤ 권리이전용 **key** 이전－물건표시
　ㄱ 소유자 및 등기명의인
　ㄴ 중개대상물의 표시
　　ⓐ '건축물' : 소재지, 면적, 건축연도, 구조, 용도
　　ⓑ '토지' : 소재지, 면적, 지목, 지역·지구 등, (현재) 용도
　　ⓒ 은행융자·권리금·제세공과금 등(또는 월임대료, 보증금, 관리비용)
　ㄷ 권리관계
　ㄹ 거래규제 및 공법상 제한사항
　ㅁ 중개의뢰가액
　ㅂ 기타
⑥ 권리취득용 **key** 취득－희망
　ㄱ '희망'물건의 종류
　ㄴ 취득 '희망'가액
　ㄷ '희망'지역
　ㄹ 그 밖의 '희망'조건

　　기출 1. 이 법 시행규칙 별지서식의 중개계약서 기재란에는 권리이전용과 권리취득용으로 구분되어 있다. (○)

2. 권리이전용 전속중개계약서에는 희망물건의 종류와 지역을 기재하여야 한다. (×)

* 중개보수 요율표를 첨부하거나, 해당 내용을 요약하여 수록한다.

■ 공인중개사법 시행규칙 [별지 제14호 서식] <개정 2014. 7. 29.>   (앞쪽)

일 반 중 개 계 약 서

([ ] 매도 [ ] 매수 [ ] 임대 [ ] 임차 [ ] 그 밖의 계약(   ))

※ 해당하는 곳의 [ ]란에 ✓표를 하시기 바랍니다.

중개의뢰인(갑)은 이 계약서에 의하여 뒤쪽에 표시한 중개대상물의 중개를 개업공인중개사(을)에게 의뢰하고 을은 이를 승낙한다.

1. 을의 의무사항

    을은 중개대상물의 거래가 조속히 이루어지도록 성실히 노력하여야 한다.

2. 갑의 권리·의무 사항

    1) 갑은 이 계약에도 불구하고 중개대상물의 거래에 관한 중개를 다른 개업공인중개사에게도 의뢰할 수 있다.

    2) 갑은 을이 「공인중개사법」(이하 "법"이라 한다) 제25조에 따른 중개대상물의 확인·설명의무를 이행하는 데 협조하여야 한다.

3. 유효기간

    이 계약의 유효기간은   년   월   일까지로 한다.

    ※ 유효기간은 3개월을 원칙으로 하되, 갑과 을이 합의하여 별도로 정한 경우에는 그 기간에 따른다.

4. 중개보수

    중개대상물에 대한 거래계약이 성립한 경우 갑은 거래가액의 (   )%(또는   원)을 중개보수로 을에게 지급한다.

    ※ 뒤쪽 별표의 요율을 넘지 않아야 하며, 실비는 별도로 지급한다.

5. 을의 손해배상 책임

    을이 다음의 행위를 한 경우에는 갑에게 그 손해를 배상하여야 한다.

    1) 중개보수 또는 실비의 과다수령 : 차액 환급

    2) 중개대상물의 확인·설명을 소홀히 하여 재산상의 피해를 발생하게 한 경우 : 손해액 배상

6. 그 밖의 사항

    이 계약에 정하지 않은 사항에 대하여는 갑과 을이 합의하여 별도로 정할 수 있다.

이 계약을 확인하기 위하여 계약서 2통을 작성하여 계약 당사자 간에 이의가 없음을 확인하고 각자 서명 또는 날인한 후 쌍방이 1통씩 보관한다.

                                                        년   월   일

계약자

중개의뢰인 (갑)	주소(체류지)		성 명	(서명 또는 인)
	생년월일		전화번호	
개업 공인중개사 (을)	주소(체류지)		성명(대표자)	(서명 또는 인)
	상호(명칭)		등록번호	
	생년월일		전화번호	

(뒤쪽)

※ 중개대상물의 거래내용이 권리를 이전(매도·임대 등)하려는 경우에는 Ⅰ. 권리이전용(매도·임대 등)에 적고, 권리를 취득(매수·임차 등)하려는 경우에는 Ⅱ. 권리취득용(매수·임차 등)에 적습니다.

Ⅰ. 권리이전용(매도·임대 등)

구 분	[ ] 매도 [ ] 임대 [ ] 그 밖의 사항( )						
소유자 및 등기명의인	성 명				생년월일		
	주 소						
중개대상물의 표시	건축물	소재지				건축연도	
		면 적		m²	구 조	용 도	
	토 지	소재지				지 목	
		면 적		m²	지역·지구 등	현재 용도	
	은행융자·권리금·제세공과금 등(또는 월임대료·보증금·관리비 등)						
권리관계							
거래규제 및 공법상 제한사항							
중개의뢰 금액							
그 밖의 사항							

Ⅱ. 권리취득용(매수·임차 등)

구 분	[ ] 매수 [ ] 임차 [ ] 그 밖의 사항( )	
항 목	내 용	세부내용
희망물건의 종류		
취득 희망가격		
희망지역		
그 밖의 희망조건		
첨부서류	중개보수 요율표(「공인중개사법」 제32조 제4항 및 같은 법 시행규칙 제20조에 따른 요율표를 수록합니다) ※ 해당 내용을 요약하여 수록하거나, 별지로 첨부합니다.	

유의사항

[개업공인중개사 위법행위 신고안내]
개업공인중개사가 중개보수 과다수령 등 위법행위시 시·군·구 부동산중개업 담당 부서에 신고할 수 있으며, 시·군·구에서는 신고사실을 조사한 후 적정한 조치를 취하게 됩니다.

■ 공인중개사법 시행규칙 [별지 제15호 서식] <개정 2021. 8. 27.>　　　　　　(앞쪽)

전 속 중 개 계 약 서

([ ] 매도 [ ] 매수 [ ] 임대 [ ] 임차 [ ] 그 밖의 계약(　　　　　))

※ 해당하는 곳의 [ ]란에 ✓표를 하시기 바랍니다.

중개의뢰인(갑)은 이 계약서에 의하여 뒤쪽에 표시한 중개대상물의 중개를 개업공인중개사(을)에게 의뢰하고 을은 이를 승낙한다.

1. 을의 의무사항

① 을은 갑에게 계약체결 후 2주일에 1회 이상 중개업무 처리상황을 문서로 통지하여야 한다.

② 을은 이 전속중개계약 체결 후 7일 이내 「공인중개사법」(이하 "법"이라 한다) 제24조에 따른 부동산거래정보망 또는 일간신문에 중개대상물에 관한 정보를 공개하여야 하며, 중개대상물을 공개한 때에는 지체 없이 갑에게 그 내용을 문서로 통지하여야 한다. 다만, 갑이 비공개를 요청한 경우에는 이를 공개하지 아니한다. (공개 또는 비공개 여부:　　　　)

③ 법 제25조 및 같은 법 시행령 제21조에 따라 중개대상물에 관한 확인·설명의무를 성실하게 이행하여야 한다.

2. 갑의 권리·의무 사항

① 다음 각 호의 어느 하나에 해당하는 경우에는 갑은 그가 지급해야 할 중개보수에 해당하는 금액을 을에게 위약금으로 지급해야 한다. 다만, 제3호의 경우에는 중개보수의 50퍼센트에 해당하는 금액의 범위에서 을이 중개행위를 할 때 소요된 비용(사회통념에 비추어 상당하다고 인정되는 비용을 말한다)을 지급한다.

1. 전속중개계약의 유효기간 내에 을 외의 다른 개업공인중개사에게 중개를 의뢰하여 거래한 경우
2. 전속중개계약의 유효기간 내에 을의 소개에 의하여 알게 된 상대방과 을을 배제하고 거래당사자 간에 직접 거래한 경우
3. 전속중개계약의 유효기간 내에 갑이 스스로 발견한 상대방과 거래한 경우

② 갑은 을이 법 제25조에 따른 중개대상물 확인·설명의무를 이행하는 데 협조하여야 한다.

3. 유효기간

이 계약의 유효기간은　　　　년　　　월　　　일까지로 한다.

※ 유효기간은 3개월을 원칙으로 하되, 갑과 을이 합의하여 별도로 정한 경우에는 그 기간에 따른다.

4. 중개보수

중개대상물에 대한 거래계약이 성립한 경우 갑은 거래가액의 (　　　)%(또는　　　원)을 중개보수로 을에게 지급한다.

※ 뒤쪽 별표의 요율을 넘지 않아야 하며, 실비는 별도로 지급한다.

5. 을의 손해배상 책임

을이 다음의 행위를 한 경우에는 갑에게 그 손해를 배상하여야 한다.

1) 중개보수 또는 실비의 과다수령: 차액 환급
2) 중개대상물의 확인·설명을 소홀히 하여 재산상의 피해를 발생하게 한 경우: 손해액 배상

6. 그 밖의 사항

이 계약에 정하지 않은 사항에 대하여는 갑과 을이 합의하여 별도로 정할 수 있다.

이 계약을 확인하기 위하여 계약서 2통을 작성하여 계약 당사자 간에 이의가 없음을 확인하고 각자 서명 또는 날인한 후 쌍방이 1통씩 보관한다.

　　　　　　　　　　　　　　　　　　　　　　　　　　　　　　　년　　　월　　　일

계약자

중개의뢰인	주소(체류지)		성 명	(서명 또는 인)
(갑)	생년월일		전화번호	
개업	주소(체류지)		성명(대표자)	(서명 또는 인)
공인중개사	상호(명칭)		등록번호	
(을)	생년월일		전화번호	

(뒤쪽)

※ 중개대상물의 거래내용이 권리를 이전(매도·임대 등)하려는 경우에는 Ⅰ. 권리이전용(매도·임대 등)에 적고, 권리를 취득(매수·임차 등)하려는 경우에는 Ⅱ. 권리취득용(매수·임차 등)에 적습니다.

Ⅰ. 권리이전용(매도·임대 등)

구 분	[ ] 매도 [ ] 임대 [ ] 그 밖의 사항( )						
소유자 및 등기명의인	성 명				생년월일		
	주 소						
중개대상물의 표시	건축물	소재지				건축연도	
		면 적	m²	구 조		용 도	
	토 지	소재지				지 목	
		면 적	m²	지역·지구 등		현재 용도	
	은행융자·권리금·제세공과금 등(또는 월임대료·보증금·관리비 등)						
권리관계							
거래규제 및 공법상 제한사항							
중개의뢰 금액							
그 밖의 사항							

Ⅱ. 권리취득용(매수·임차 등)

구 분	[ ] 매수 [ ] 임차 [ ] 그 밖의 사항( )	
항 목	내 용	세부내용
희망물건의 종류		
취득 희망가격		
희망지역		
그 밖의 희망조건		
첨부서류	중개보수 요율표(「공인중개사법」 제32조 제4항 및 같은 법 시행규칙 제20조에 따른 요율표를 수록합니다) ※ 해당 내용을 요약하여 수록하거나, 별지로 첨부합니다.	

유의사항

[개업공인중개사 위법행위 신고안내]
개업공인중개사가 중개보수 과다수령 등 위법행위시 시·군·구 부동산중개업 담당 부서에 신고할 수 있으며, 시·군·구에서는 신고사실을 조사한 후 적정한 조치를 취하게 됩니다.

확인 · 설명의무

① 중개대상물의 확인 · 설명의 방법

(1) 물건에 대한 설명은 권리를 '취득'하고자 하는 의뢰인에게 (대장 · 등기부 등) 근거자료를 '제시하고', 성실하고 정확하게 설명하여야 한다.

(2) 물건에 대한 설명은 중개가 '완성되기 전'에 설명하여야 한다.

② 개업공인중개사의 확인 · 설명의무와 확인 · 설명서 작성, 교부의무

구 분	확인 · 설명의무	확인 · 설명서 작성, 교부의무
시 기	중개가 완성되기 '전'	중개가 완성된 '후'
	중개계약 체결시~거래계약 성립 전까지	중개 완성되어 거래계약서를 작성하는 때
대 상	권리를 '취득'하고자 하는 의뢰인	거래당사자 '쌍방'에게 교부
내 용	권리관계 등에 대하여 확인하여 근거자료를 제시하고 성실 · 정확하게 설명하여야 한다.	① 확인 · 설명한 사항을 서면(확인 · 설명서: 법정서식)으로 작성하고, 서명 '및' 날인하여야 하며, 쌍방에게 교부하고 보존하여야 한다. ② 보존: 3년간 그 원본, 사본 또는 전자문서를 보관하여야 한다(공인전자문서센터에 보관시에는 제외).
위반시	① 개업공인중개사(500만원 이하의 과태료) ② 소속공인중개사(자격정지)	개업공인중개사(업무정지)

③ 중개시 확인 · 설명사항

(1) 개업공인중개사는 권리를 '취득'하고자 하는 의뢰인에게 다음의 사항을 근거자료로 제시하고 성실하고 정확하게 설명하여야 한다.

① 〈기〉 해당 중개대상물에 관한 기본적인 사항(소재지, 면적 등)

② 〈권〉 중개대상물의 권리관계에 관한 사항

③ 〈공법〉 토지이용계획, '공법'상 거래규제 및 이용제한에 관한 사항

④ 〈수〉 수도 · 전기 · 가스 등 시설물의 상태

⑤ 〈벽〉 벽면 · 바닥면 및 도배의 상태

⑥ 〈일〉 일조 · 소음 · 진동 등 '환경조건'

⑦ 〈도〉 도로 및 학교와의 근접성 등 '입지조건'

⑧ 〈조〉 권리를 '취득'함에 따라 부담하여야 할 조세의 종류 및 세율(이전조세 ×, 보유세 ×)

⑨ 〈거〉 거래예정금액

⑩ 〈수〉 중개보수 및 실비의 금액과 그 산출내역

(2) 주택임대차물건의 추가설명사항

주택임대차를 중개할 때에는 다음의 사항을 추가로 설명하여야 한다.

> ① 〈전〉「주민등록법」 제29조의2에 따른 '전입세대확인서'의 열람 또는 교부에 관한 사항
> ② 〈세금〉「국세징수법」 제109조 제1항 · 제2항 및 「지방세징수법」 제6조 제1항 · 제3항에 따라 임대인이 납부하지 아니한 '국세' 및 '지방세'의 열람을 신청할 수 있다는 사항
> ③ 〈확〉「주택임대차보호법」 제3조의6 제4항에 따라 '확정일자'부여기관에 정보제공을 요청할 수 있다는 사항
> ④ 〈임대인, 최우선〉「주택임대차보호법」 제3조의7에 따른 "임대인"의 정보 제시 의무 및 같은 법 제8조에 따른 보증금 중 일정액의 보호(즉, '최우선'변제권)
> ⑤ 〈보〉「민간임대주택에 관한 특별법」 제49조에 따른 임대보증금에 대한 '보증'에 관한 사항 (민간임대주택인 경우)
> ⑥ 〈관〉 '관리비' 금액과 그 산출내역

(3) 처벌규정

① '개업공인중개사'가 위의 사항을 설명하지 아니하거나 근거자료를 제시하지 아니한 경우에는 '500만원' 이하의 과태료처분대상이 된다.

② '소속공인중개사'는 확인 · 설명의 의무는 없으나, 확인 · 설명을 하는 경우에는 근거자료를 제시하고 성실 · 정확하게 설명하여야 하며, 위반시에는 '자격정지'처분의 대상이 된다.

4 자료 요구권 및 신분증 요구권

(1) 개업공인중개사는 중개대상물의 매도 · 임대의뢰인 등 권리를 '이전'하고자 하는 자에게 해당 중개대상물의 '상태'에 관한 자료를 요구할 수 있다.

> **기출** 개업공인중개사는 매수의뢰인, 임차의뢰인 등 권리를 '취득'하려는 의뢰인에게 해당 중개대상물의 상태에 관한 자료를 요구할 수 있다. (×)

(2) 요구할 수 있는 '상태에 관한 자료'

수도·전기·가스 등 시설물의 상태, 벽면· 바닥면 및 도배상태, 일조·소음·진동 등 환경 조건이 이에 해당한다(비선호시설이나 입지조건 등은 자료요구 대상이 아니다).

(3) 자료 요구에 불응시

불응한 사실을 매수·임차의뢰인 등 취득의뢰인에게 '설명하고', 확인·설명서에 '기재'하여야 한다.

(4) 개업공인중개사는 중개업무의 수행을 위하여 필요한 경우에는 중개의뢰인에게 주민등록증 등 신분을 확인할 수 있는 증표를 제시할 것을 요구할 수 있다.

🔨 **판례**

확인·설명의무 주요판례

1. 부동산중개계약에 따른 개업공인중개사의 확인·설명의무와 이에 위반한 경우의 손해배상의무는 중개의뢰인이 개업공인중개사에게 소정의 보수를 지급하지 아니하였다고 해서 당연히 소멸되는 것이 아니다(대판 2001다71484).
2. 설명사항으로서의 권리관계에는 권리자에 관한 사항도 포함된다. 그러므로 개업공인중개사는 매도의뢰인이 진정한 권리자와 동일인지의 여부를 부동산등기부와 주민등록증 등을 통하여 조사·확인해야 할 의무가 있다(대판 2007다44156).
3. 개업공인중개사가 중개대상물의 현황을 측량까지 하여 확인·설명할 의무는 없다(서울고등법원 95나46199).
4. 중개대상물건에 근저당이 설정된 경우에는 개업공인중개사는 채권최고액만을 조사·확인해서 의뢰인에게 설명하면 족하고, 실제의 현재 채무액까지 설명해 주어야 할 의무는 없다(대판 98다 30667).
5. 개업공인중개사는 다가구주택의 일부에 대한 임대차계약을 중개함에 있어서 임차의뢰인이 임대차계약이 종료된 후에 임대차보증금을 제대로 반환받을 수 있는지 판단하는 데 필요한 다가구주택의 권리관계 등에 관한 자료를 제공하여야 한다(대판 2011다63857).
6. 임차의뢰인에게 부동산등기부상에 표시된 중개대상물의 권리관계 등을 확인·설명하는 데 그쳐서는 아니 되고, 임대의뢰인에게 그 다가구주택 내에 "이미 거주"해서 살고 있는 '다른 임차인'의 (임대차계약내역 중 개인정보에 관한 부분을 제외) 임대차보증금, 임대차의 시기와 종기 등에 관한 부분의 자료를 요구하여 이를 확인한 다음. 임차의뢰인에게 설명하고, 그 자료를 제시하여야 한다. 개업공인중개사가 고의나 과실로 이러한 의무를 위반하여 임차의뢰인에게 재산상의 손해를 발생하게 한 때에는 「공인중개사법」 제30조에 의하여 이를 배상할 책임이 있다(대판 2011 다63857).
7. 다가구주택에서 "먼저" 대항력을 취득한 임차인의 "보증금"이 얼마나 되는지 또는 "소액임차인"의 수가 어느 정도인지는 임차인이 계약체결 여부를 결정하는 데 중요한 사항이므로, 이를 설명하지 아니한 공인중개사는 중개계약상 의무 위반에 해당한다(대판 2022다212594).

확인 · 설명서 서식

1 기본 개념

(1) 중개대상물 확인·설명서에는 물건의 종류에 따라 4종류가 있다. 주거용 건축물 확인·설명서 [Ⅰ], 비주거용 건축물 확인·설명서[Ⅱ], 토지용 확인·설명서[Ⅲ], 입목·공장재단·광업재단용 확인·설명서[Ⅳ]가 그것이다. 주거용 건축물 확인·설명서[Ⅰ]를 기준으로 하여 다른 서식들과의 차이점을 정리하여야 한다.

(2) 확인·설명서는 개업공인중개사의 Ⅰ. 기본 확인사항, Ⅱ. 세부 확인사항과 Ⅲ. 중개보수로 구분하여 기재하여야 한다.

> **기출** 중개대상물 확인·설명서 서식은 물건의 종류에 따라 4종이 있다. (○)

2 확인 · 설명서 서식

주거용 건축물 확인·설명서[I] 작성방법	1. ① 대상물건의 표시는 토지"대장" 및 건축물"대장" 등을 확인하여 적고, 건축물의 방향은 주택의 경우 거실이나 안방 등 "주실(主室)"의 방향을, 그 밖의 건축물은 주된 출입구의 방향을 기준으로 (중략) 적는다. 2. ② 권리관계의 "등기부 기재사항"은 "등기사항증명서"를 확인하여 적는다. 　가. 대상물건에 "신탁등기"가 되어 있는 경우에는 "수탁자" 및 "신탁물건(신탁원부 번호)"임을 적고, 신탁원부 약정사항에 명시된 대상물건에 대한 임대차계약의 요건(수탁자 및 수익자의 동의 또는 승낙, 임대차계약 체결의 당사자, 그 밖의 요건 등)을 확인하여 그 요건에 따라 유효한 임대차계약을 체결할 수 있음을 설명(신탁원부 교부 또는 ⑩ 실제 권리관계 또는 공시되지 않은 물건의 권리사항에 주요 내용을 작성)해야 한다. 　나. 대상물건에 공동담보가 설정되어 있는 경우에는 "공동담보 목록" 등을 확인하여 공동담보의 채권최고액 등 해당 중개물건의 권리관계를 명확히 적고 설명해야 한다. 　※ 예를 들어, 다세대주택 건물 전체에 설정된 근저당권 현황을 확인·제시하지 않으면서, 계약대상 물건이 포함된 일부 호실의 공동담보 채권최고액이 마치 건물 전체에 설정된 근저당권의 채권최고액인 것처럼 중개의뢰인을 속이는 경우에는 「공인중개사법」 위반으로 형사처벌 대상이 될 수 있다.

3. ③ 토지이용계획, 공법상 이용제한 및 거래규제에 관한 사항(토지)의 "건폐율 상한 및 용적률 상한"은 시·군의 조례에 따라 적고, "도시·군계획시설", "지구단위 계획구역, 그 밖의 도시·군관리계획"은 개업공인중개사가 확인하여 적으며, "그 밖의 이용제한 및 거래규제사항"은 토지이용계획확인서의 내용을 확인하고, 공부에서 확인할 수 없는 사항은 부동산종합공부시스템 등에서 확인하여 적는다(임대차의 경우에는 생략할 수 있다).

4. ④ 임대차 확인사항은 다음 각 목의 구분에 따라 적는다.

　가. 「주택임대차보호법」 제3조의7에 따라 "임대인"이 확정일자 부여일, 차임 및 보증금 등 정보(확정일자 부여 현황 정보) 및 국세 및 지방세 납세증명서(국세 및 지방세 체납 정보)의 제출 또는 열람 동의로 갈음했는지 구분하여 표시하고, 「공인중개사법」 제25조의3에 따른 임차인의 권리에 관한 설명 여부를 표시한다.

　나. 임대인이 제출한 전입세대 확인서류가 있는 경우에는 확인에 √로 표시를 한 후 설명하고, 없는 경우에는 미확인에 √로 표시한 후, 「주민등록법」 제29조의2에 따른 전입세대확인서의 열람·교부 방법에 대해 설명한다(임대인이 거주하는 경우이거나 확정일자 부여현황을 통해 선순위의 모든 세대가 확인되는 경우 등에는 "해당 없음"에 √로 표시한다).

　다. "최우선변제금"은 근저당권 등 선순위 담보물권이 설정되어 있는 경우 "선순위" 담보물권 설정 "당시"의 "소액"임차인범위 및 최우선변제금액을 기준으로 적어야 한다.

　라. "민간임대 등록 여부"는 대상물건이 「민간임대주택에 관한 특별법」에 따라 등록된 민간임대주택인지 여부를 같은 법 제60조에 따른 "임대주택정보체계"에 접속하여 확인하거나 임대인에게 확인하여 "[ ]"안에 √로 표시하고, 민간임대주택인 경우 같은 법에 따른 권리·의무사항을 임대인 및 임차인에게 설명해야 한다.

> ※ 민간임대주택은 「민간임대주택에 관한 특별법」 제5조에 따른 임대사업자가 등록한 주택으로서, 임대인과 임차인 간 임대차계약(재계약 포함)시에는 다음의 사항이 적용된다.
> － 「민간임대주택에 관한 특별법」 제44조에 따라 임대의무기간 중 임대료 증액청구는 5%의 범위에서 초과하여 청구할 수 없으며, 임대차계약 또는 임대료 증액이 있은 후 1년 이내에는 그 임대료를 증액할 수 없다.
> － 「민간임대주택에 관한 특별법」 제45조에 따라 임대사업자는 임차인이 의무를 위반하거나 임대차를 계속하기 어려운 경우 등에 해당하지 않으면 임대의무기간 동안 임차인과의 계약을 해제·해지하거나 재계약을 거절할 수 없다.

마. "계약갱신요구권 행사 여부"는 임차인이 "있는" 경우 매도인(임대인)으로 부터 계약갱신요구권 행사 여부에 관한 사항을 확인할 수 있는 서류를 받으면 "확인"에 √로 표시하여 해당 서류를 첨부하고, 서류를 받지 못한 경우 "미확인"에 √로 표시하며, 임차인이 없는 경우에는 "해당 없음"에 √로 표시한다.

5. ⑥ "관리비"는 직전 "1년"간 "월평균 관리비" 등을 기초로 산출한 총 금액을 적되, 관리비에 포함되는 비목들에 대해서는 해당하는 곳에 √로 표시하며, 그 밖의 비목에 대해서는 √로 표시한 후 비목 내역을 적는다.

6. ⑦ "비선호시설(1km 이내)"의 "종류 및 위치"는 대상물건으로부터 "1km 이내"에 "사회통념"상 기피 시설인 화장장·봉안당·공동묘지·쓰레기처리장·쓰레기소각장·분뇨처리장·하수종말처리장 등의 시설이 있는 경우, 그 시설의 종류 및 위치를 적는다.

7. ⑧ 거래예정금액 등의 "거래예정금액"은 중개가 완성되기 "전" 거래예정금액을, "개별공시지가(m^2당)" 및 "건물(주택)공시가격"은 중개가 완성되기 "전" 공시된 공시지가 또는 공시가격을 적는다[임대차의 경우에는 "개별공시지가(m^2당)" 및 "건물(주택)공시가격"을 생략할 수 있다].

8. ⑨ 취득시 부담할 조세의 종류 및 세율은 중개가 완성되기 전 「지방세법」의 내용을 확인하여 적는다(임대차의 경우에는 제외한다).

9. ⑩ 실제 권리관계 또는 공시되지 않은 물건의 권리 사항은 매도(임대)의뢰인이 고지한 사항(법정지상권, 유치권, 「주택임대차보호법」에 따른 임대차, 토지에 부착된 조각물 및 정원수, 계약 전 소유권 변동 여부, 도로의 점용허가 여부 및 권리·의무 승계 대상 여부 등)을 적는다. "분양되지 않아" 보존등기만 마쳐진 상태인 공동주택에 대해 "임대차"계약을 알선하는 경우에는 이를 임차인에게 설명해야 한다(주; 미분양 여부를 설명해야 한다).

10. ⑪ 내부·외부 시설물의 상태(건축물)의 "그 밖의 시설물"은 가정자동화 시설(IT 관련 시설)의 설치 여부를 적는다.

11. ⑮ 중개보수 및 실비는 개업공인중개사와 중개의뢰인이 협의하여 결정한 금액을 적되 "중개보수"는 거래예정금액을 기준으로 계산한다.

12. 공동중개시 참여한 개업공인중개사(소속공인중개사를 포함한다)는 모두 서명·날인해야 하며, 2명을 넘는 경우에는 별지로 작성하여 첨부한다.

서식의 비교정리사항	1. (물건표시), (권리관계), 실제권리관계(미공시된 물건의 권리에 관한 사항)는 4종류 양식에 기재란이 모두 다 있다. 2. (조세), (거래예정가격), (보수)도 4종류 양식에 기재란이 모두 다 있다. 3. Ⅰ. 개업공인중개사 "기본 확인사항("개업공인중개사"가 확인하여 기재할 사항)"에는 ① 물건의 표시, ② 권리관계, ③ 공법상 제한, ④ 임대차 확인사항, ⑤ 입지조건, ⑥ 관리에 관한 사항, ⑦ 비선호시설, ⑧ 거래예정금액, ⑨ 취득 조세를 기재한다.

4. Ⅱ. 개업공인중개사 "세부 확인사항("자료 요구"하여 확인하여 "세부적"으로 기재할 사항)"에는 ⑩ 실제권리관계, ⑪ 내·외부시설물의 상태, ⑫ 벽면·바닥면 및 도배 상태, ⑬ 환경조건(일조·소음·진동), ⑭ 현장안내를 기재한다.

5. "임대차" 중개의 경우에는 ① 미분양 아파트에 대한 임대차인지를 설명하여야 하고, ② "공시"지가·"공시"가격은 기재를 생략 가능하고, ③ "공법"상 이용제한·거래규제는 기재를 생략 가능하고, ④ "취득 조세"는 기재를 제외한다.

6. <주거용 건축물 확인·설명서[Ⅰ]>
   ⑴ ④ "주택임대차확인사항"에는 확정일자 부여현황정보, 국세 및 지방세 체납정보, 전입세대 확인서, 최우선변제금, 민간임대등록 여부, 계약갱신요구권행사 여부를 기재하는 란이 있다. <관리비 ×>
   ⑵ 개업공인중개사는 "임대차확인사항"을 임대인 및 임차인에게 설명하였음을 확인하는 임대인과 임차인의 서명 "또는" 날인을 받고, 개업공인중개사도 서명 "또는" 날인을 하여야 한다.
   ⑶ ※ 민간임대주택의 임대사업자는 「민간임대주택에 관한 특별법」 제49조에 따라 임대보증금에 대한 보증에 가입해야 한다.
      ※ 임차인은 주택도시보증공사(HUG) 등이 운영하는 전세보증금반환보증에 가입할 것을 권고한다.
      ※ 최우선변제금은 근저당권 등 선순위 담보물권 설정 당시의 소액임차인범위 및 최우선변제금액을 기준으로 한다.

7. "비주거용 건축물 확인·설명서[Ⅱ]"에는, 도배, 환경조건, 교육시설, 비선호시설, 임대차확인사항, 현장안내, 관리비 등을 기재하는 란이 없다.

8. "토지용 확인·설명서[Ⅲ]"에는, "건물"에 대한 사항, 건물의 "상태"(내·외부시설물의 상태, 벽면·바닥면 및 도배 상태), 건물의 "관리"에 관한 사항을 기재하는 란이 없다. 또한, "교육"시설, "주차장", "환경조건", 임대차확인사항, 현장안내, 관리비 등을 기재하는 란이 없다.

9. 입목·광업재단·공장재단 확인·설명서[Ⅳ]에는 모든 서식의 "공통기재사항"과, ③ 입목의 생육상태·재단목록을 기재하는 란이 있다(공법상 이용제한·거래규제는 기재란이 없다).

10. "주거용 건축물[Ⅰ]"에만 있는 것은, "(소방)" "단독"경보형 감지기, "도배", "교육"시설, "환경조건", "주택임대차관련사항", "관리비", "현장안내"는 오로지 "주거용 건축물 확인·설명서[Ⅰ]" 서식에만 기재란이 있다.

11. "주거용 건축물" 확인·설명서[Ⅰ]와 "비주거용 건축물" 확인·설명서(Ⅱ)에는 "내진 설계"적용 여부와 "내진 능력"을 기재하며, "민간임대"등록 여부와 "계약갱신"요구권행사 여부를 확인하여 기재한다.

12. 재산세는 "6월 1일" 기준으로 대상물건의 소유자가 납세의무를 부담한다.

13. "비선호시설"은 [Ⅰ] 주거용 ○ [Ⅱ] 비주거용 × [Ⅲ] 토지 ○ [Ⅳ] 입목·재단 ×

14. "공법상 이용제한"은 [Ⅰ] 주거용 ○ [Ⅱ] 비주거용 ○ [Ⅲ] 토지 ○ [Ⅳ] 입목·재단 ×

구 분	I (주거용 건축물)	II (비주거용 건축물)	III (토 지)	IV (입목 · 재단)
I. 개업공인중개사 기본 확인사항				
① 대상물건의 표시	○	○	○	○
② 권리관계(등기부기재사항)	○	○	○	○
③ 토지이용계획, 공법상 이용제한 · 거래규제(토지)	○	○	○	공법상 제한 × (입목생육상태 /재단목록)
④ 임대차 확인사항(확정일자 부여 현황정보, 국세 및 지방세 체납 정보, 전입세대 확인서, 최우선 변제금, 민간임대등록 여부, 계약갱신요구권 행사 여부)	○	×	×	×
⑤ 입지조건 [도로(접근성), 대중교통, 주차장, 교육시설]	입지조건 ○ (도 · 대 · 차 · 교육)	입지조건 ○ (도 · 대 · 차)	입지조건 ○ (도 · 대)	×
⑥ 관리에 관한 사항(경비실, 관리 주체, 관리비)	○ (관리비 포함)	○ (관리비 제외)	×	×
⑦ 비선호시설(1km 이내)	○	×	○	×
⑧ 거래예정금액 등(개별공시지가 · 공시가격)	○	○	○	○
⑨ 취득시 부담할 조세	○	○	○	○
II. 개업공인중개사 세부 확인사항				
⑩ 실제권리관계 또는 공시되지 않은 물건의 권리사항	○	○	○	○
⑪ 내 · 외부 시설물의 상태 [수도 · 전기 · 가스(취사용) · 소방 · 난방 · 승강기 · 배수 · 기타 시설]	○	○	×	×
⑫ 벽면 · 바닥면 및 도배 상태	○ (벽면, 바닥면, 도배)	○ (벽면, 바닥면)	×	×
⑬ 환경조건(일조 · 소음 · 진동)	○	×	×	×
⑭ 현장안내(현장안내자, 중개보조원신분 고지 여부)	○	×	×	×
III. 중개보수 등에 관한 사항				
⑮ 중개보수 · 실비	○	○	○	○

중개대상물 확인·설명서[I] (주거용 건축물)

(주택 유형: [ ] 단독주택 [ ] 공동주택 [ ] 주거용 오피스텔)
(거래 형태: [ ] 매매·교환 [ ] 임대)

확인·설명 자료	확인·설명 근거자료 등	[ ] 등기권리증 [ ] 등기사항증명서 [ ] 토지대장 [ ] 건축물대장 [ ] 지적도 [ ] 임야도 [ ] 토지이용계획확인서 [ ] 확정일자 부여현황 [ ] 전입세대확인서 [ ] 국세납세증명서 [ ] 지방세납세증명서 [ ] 그 밖의 자료( )
	대상물건의 상태에 관한 자료요구 사항	

유의사항	
개업공인중개사의 확인·설명 의무	개업공인중개사는 중개대상물에 관한 권리를 취득하려는 중개의뢰인에게 성실·정확하게 설명하고, 토지대장 등본, 등기사항증명서 등 설명의 근거자료를 제시해야 합니다.
실제 거래가격 신고	「부동산 거래신고 등에 관한 법률」 제3조 및 같은 법 시행령 [별표 1] 제1호 마목에 따른 실제 거래가격은 매수인이 매수한 부동산을 양도하는 경우 「소득세법」 제97조 제1항 및 제7항과 같은 법 시행령 제163조 제11항 제2호에 따라 취득 당시의 실제 거래가액으로 보아 양도차익이 계산될 수 있음을 유의하시기 바랍니다.

Ⅰ. 개업공인중개사 기본 확인사항

① 대상물건의 표시	토 지	소재지				
		면적(m²)		지 목	공부상 지목	
					실제 이용 상태	
	건축물	전용면적(m²)			대지지분(m²)	
		준공년도 (증개축년도)		용 도	건축물대장상 용도	
					실제 용도	
		구 조		방 향	(기준:)	
		내진설계 적용 여부		내진능력		
		건축물대장상 위반건축물 여부	[ ] 위반 [ ] 적법	위반내용		

② 권리관계	등기부 기재사항	소유권에 관한 사항		소유권 외의 권리사항	
		토 지		토 지	
		건축물		건축물	

③ 토지이용계획, 공법상 이용제한 및 거래규제에 관한 사항(토지)	지역·지구	용도지역			건폐율 상한	용적률 상한
		용도지구			%	%
		용도구역				
	도시·군계획 시설			허가·신고 구역 여부	[ ] 토지거래허가구역	
				투기지역 여부	[ ] 토지투기지역 [ ] 주택투기지역 [ ] 투기과열지구	
	지구단위계획구역, 그 밖의 도시·군관리계획			그 밖의 이용제한 및 거래규제사항		

④ 임대차 확인사항	확정일자 부여현황 정보		[ ] 임대인 자료 제출 [ ] 열람 동의		[ ] 임차인 권리 설명	
	국세 및 지방세 체납정보		[ ] 임대인 자료 제출 [ ] 열람 동의		[ ] 임차인 권리 설명	
	전입세대 확인서		[ ] 확인(확인서류 첨부) [ ] 미확인(열람·교부 신청방법 설명) [ ] 해당 없음			
	최우선변제금	소액임차인범위: 만원 이하		최우선변제금액: 만원 이하		
	민간임대 등록 여부	등 록	[ ] 장기일반민간임대주택 [ ] 공공지원민간임대주택 [ ] 그 밖의 유형( )		[ ] 임대보증금 보증 설명	
			임대의무기간		임대개시일	
		미등록 [ ]				
	계약갱신 요구권 행사 여부		[ ] 확인(확인서류 첨부) [ ] 미확인 [ ] 해당 없음			

개업공인중개사가 "④ 임대차 확인사항"을 임대인 및 임차인에게 설명하였음을 확인함	임대인	(서명 또는 날인)
	임차인	(서명 또는 날인)
	개업공인중개사	(서명 또는 날인)
	개업공인중개사	(서명 또는 날인)

※ 민간임대주택의 임대사업자는 「민간임대주택에 관한 특별법」 제49조에 따라 임대보증금에 대한 보증에 가입해야 합니다.
※ 임차인은 주택도시보증공사(HUG) 등이 운영하는 전세보증금반환보증에 가입할 것을 권고합니다.
※ 임대차 계약 후 「부동산 거래신고 등에 관한 법률」 제6조의2에 따라 30일 이내 신고해야 합니다(신고시 확정일자 자동 부여).
※ 최우선변제금은 근저당권 등 선순위 담보물권 설정 당시의 소액임차인범위 및 최우선변제금액을 기준으로 합니다.

⑤ 입지조건	도로와의 관계	(m × m)도로에 접합 [ ] 포장 [ ] 비포장		접근성	[ ] 용이함 [ ] 불편함	
	대중교통	버 스	( ) 정류장, 소요시간: ([ ] 도보, [ ] 차량) 약 분			
		지하철	( ) 역, 소요시간: ([ ] 도보, [ ] 차량) 약 분			
	주차장	[ ] 없음 [ ] 전용주차시설 [ ] 공동주차시설 [ ] 그 밖의 주차시설 ( )				
	교육시설	초등학교	( ) 학교, 소요시간: ([ ] 도보 [ ] 차량) 약 분			
		중학교	( ) 학교, 소요시간: ([ ] 도보 [ ] 차량) 약 분			
		고등학교	( ) 학교, 소요시간: ([ ] 도보 [ ] 차량) 약 분			

⑥ 관리에 관한 사항	경비실	[ ] 있음 [ ] 없음	관리주체	[ ] 위탁관리 [ ] 자체관리 [ ] 그 밖의 유형
	관리비	관리비 금액: 총 원 관리비 포함 비목: [ ] 전기료 [ ] 수도료 [ ] 가스사용료 [ ] 난방비 [ ] 인터넷 사용료 [ ] TV 수신료 [ ] 그 밖의 비목( ) 관리비 부과방식: [ ] 임대인이 직접 부과 [ ] 관리규약에 따라 부과 [ ] 그 밖의 부과 방식( )		

⑦ 비선호시설 (1km 이내)	[ ] 없음 [ ] 있음 (종류 및 위치:)		
⑧ 거래예정금액 등	거래예정금액		
	개별공시지가(m²당)	건물(주택) 공시가격	

⑨ 취득시 부담할 조세의 종류 및 세율	취득세	%	농어촌특별세	%	지방교육세	%
	※ 재산세와 종합부동산세는 6월 1일 기준으로 대상물건 소유자가 납세의무를 부담합니다.					

Ⅱ. 개업공인중개사 세부 확인사항

⑩ 실제 권리관계 또는 공시되지 않은 물건의 권리 사항

⑪ 내부·외부 시설물의 상태 (건축물)	수 도	파손 여부	[ ] 없음　　[ ] 있음 (위치:　　　　　　)	
		용수량	[ ] 정상　　[ ] 부족함 (위치:　　　　　　)	
	전 기	공급상태	[ ] 정상　　[ ] 교체 필요 (교체할 부분:　　　)	
	가스(취사용)	공급방식	[ ] 도시가스　　[ ] 그 밖의 방식 (　　　　)	
	소 방	단독경보형 감지기	[ ] 없음 [ ] 있음(수량:　개)	※ 「소방시설 설치 및 관리에 관한 법률」 제10조 및 같은 법 시행령 제10조에 따른 주택용 소방시설로서 아파트(주택으로 사용하는 층수가 5개층 이상인 주택을 말한다)를 제외한 주택의 경우만 적습니다.
	난방방식 및 연료공급	공급방식	[ ] 중앙공급 [ ] 개별공급 [ ] 지역난방　시설작동	[ ] 정상　[ ] 수선 필요 (　) ※ 개별 공급인 경우 사용연한 (　　) [ ] 확인불가
		종 류	[ ] 도시가스　[ ] 기름　[ ] 프로판가스　[ ] 연탄 [ ] 그 밖의 종류 (　　　　)	
	승강기		[ ] 있음([ ] 양호　[ ] 불량)　[ ] 없음	
	배 수		[ ] 정상　[ ] 수선 필요 (　　　　)	
	그 밖의 시설물			
⑫ 벽면·바닥면 및 도배 상태	벽 면	균 열	[ ] 없음　　[ ] 있음 (위치:　　　)	
		누 수	[ ] 없음　　[ ] 있음 (위치:　　　)	
	바닥면		[ ] 깨끗함　[ ] 보통임　[ ] 수리 필요 (위치:　)	
	도 배		[ ] 깨끗함　[ ] 보통임　[ ] 도배 필요	
⑬ 환경조건	일조량		[ ] 풍부함　[ ] 보통임　[ ] 불충분 (이유:　)	
	소 음		[ ] 아주 작음　[ ] 보통임 [ ] 심한 편임　진동　[ ] 아주 작음 [ ] 보통임 [ ] 심한 편임	
⑭ 현장안내	현장안내자		[ ] 개업공인중개사　[ ] 소속공인중개사 [ ] 중개보조원(신분고지 여부: [ ] 예　[ ] 아니오) [ ] 해당 없음	

※ "중개보조원"이란 공인중개사가 아닌 사람으로서 개업공인중개사에 소속되어 중개대상물에 대한 현장안내 및 일반서무 등 개업공인중개사의 중개업무와 관련된 단순한 업무를 보조하는 사람을 말합니다.
※ 중개보조원은 「공인중개사법」 제18조의4에 따라 현장안내 등 중개업무를 보조하는 경우 중개의뢰인에게 본인이 중개보조원이라는 사실을 미리 알려야 합니다.

Ⅲ. 중개보수 등에 관한 사항

⑮ 중개보수 및 실비의 금액과 산출내역	중개보수		〈산출내역〉 중개보수 : 실　비 : ※ 중개보수는 시·도 조례로 정한 요율한도에서 중개의뢰인과 개업공인중개사가 서로 협의하여 결정하며 부가가치세는 별도로 부과될 수 있습니다.
	실 비		
	계		
	지급시기		

「공인중개사법」 제25조 제3항 및 제30조 제5항에 따라 거래당사자는 개업공인중개사로부터 위 중개대상물에 관한 확인·설명 및 손해배상책임의 보장에 관한 설명을 듣고, 같은 법 시행령 제21조 제3항에 따른 본 확인·설명서와 같은 법 시행령 제24조 제2항에 따른 손해배상책임 보장 증명서류(사본 또는 전자문서)를 수령합니다.

년　　　　월　　　　일

매도인 (임대인)	주 소		성 명	(서명 또는 날인)
	생년월일		전화번호	
매수인 (임차인)	주 소		성 명	(서명 또는 날인)
	생년월일		전화번호	
개업 공인중개사	등록번호		성명 (대표자)	(서명 및 날인)
	사무소 명칭		소속 공인중개사	(서명 및 날인)
	사무소 소재지		전화번호	
개업 공인중개사	등록번호		성명 (대표자)	(서명 및 날인)
	사무소 명칭		소속 공인중개사	(서명 및 날인)
	사무소 소재지		전화번호	

거래계약서 작성의무

서 식	① 거래계약서(매매계약서, 교환계약서, 임대차계약서 등)는 법적으로 강제되고 정해진 서식이 없다. 즉, 거래계약서에는 법정서식이 없다. ② 국토교통부장관은 표준서식을 정하여 그 사용을 권장할 수 있다. 그러나 현재는 권장서식조차도 없다.
거래계약서 작성의무	① 개업공인중개사는 임의서식으로 거래계약서를 기재하면 된다. 다만, 반드시 기재해야 할 필요적 기재사항을 빠뜨리지 아니하고 작성하고, 서명 '및' 날인하여야 한다. ② 작성한 거래계약서는 5년간 그 원본, 사본 또는 전자문서를 보관하여야 한다(공인전자문서센터에 보관시에는 제외, 위반시 모두 업무정지).
제 재	① 거짓계약서(이중계약서) 작성의 금지 : 서로 다른 둘 이상의 거래계약서(거짓계약서, 이중계약서, 다운계약서 등)을 작성해서는 아니 된다. ② 위반시 : 개업공인중개사는 상대적 등록취소사유(업무정지), 소속공인중개사는 자격정지사유(다만, 1년 이하의 징역이나 1천만원 이하의 벌금의 사유는 아님에 주의)

「공인 중개사법」상 거래계약서	필요적 기재사항	주 의
	개업공인중개사나 소속공인중개사가 거래계약서를 작성할 때에는 다음의 사항을 반드시 기재하여야 한다(위반시 개업공인중개사는 업무정지, 소속공인중개사는 자격정지 대상). key 인·물·물·권·거·계·조·교·기 ① 〈인〉 거래당사자의 인적사항 ② 〈물〉 물건의 표시 ③ 〈물〉 물건의 인도일시 ④ 〈권〉 권리이전의 내용 ⑤ 〈거〉 거래금액·계약금액 및 그 지급일자 등 지급에 관한 사항 ⑥ 〈계〉 계약일 ⑦ 〈조〉 계약의 조건이나 기한이 있는 경우, 그 조건 또는 기한 ⑧ 〈교〉 중개대상물 확인·설명서 교부일자 ⑨ 〈기〉 기타(그 밖의) 약정내용	① 중개보수 ✕ ② 취득조세 ✕ ③ 공법상의 이용제한·거래규제 ✕ ④ 거래예정가격 ✕

기출 1. 거래당사자가 원할 때에는 매수인의 '성명'을 공란으로 둘 수 있다. (✕)
   2. 부동산 매매에 관한 '거래계약서'는 '권리이전의 내용'을 반드시 기재하여야 한다. (○)

주의

거래예정금액과 거래금액

1. '거래예정금액'은 개업공인중개사가 매도인 등의 중개의뢰가격과 매수인 등의 중개희망가격을 고려하여, 거래가 예상될 수 있는 가격을 산정하여 제시하는 가격을 말한다. 거래예정금액은 개업공인중개사가 설명해야 할 '설명사항'이기도 하고, 거래성사시 계약 체결 당시의 거래예정금액은 '확인·설명서'에 기재할 사항이기도 하다.

2. '거래금액'(거래대금)은 현실적으로 막상 거래가 성사된 금액을 말한다. 개업공인중개사가 거래예정금액을 제시하여도 현실적으로는 이와 다른 금액으로 거래가 성사될 수도 있는데, 현실적으로 거래가 성사된 금액을 거래금액(거래대금)이라고 하고, 이는 '거래계약서'에 기재를 한다.

3. **가격의 기재** : (중개)의뢰가격 또는 (중개)희망가격은 '중개계약서'에 기재하고, 거래예정가격은 '확인·설명'하고, '확인·설명서'에 기재하며, 거래가격(거래대금)은 '거래계약서'에 기재한다.

판례

거짓계약서를 작성했더라도 거래계약은 유효

(양도소득세의 일부를 회피할 목적으로) 매매계약서에 실제로 거래한 가액을 매매대금으로 기재하지 아니하고, 그보다 낮은 금액을 매매대금으로 기재하였다 하여, 그것만으로 그 **매매계약이 사회질서에 반하는 법률행위로서 무효로 된다고 할 수는 없다**(대판 2007다3585).

예치제도

예치 권고	① '개업공인중개사'는 거래안전상 필요하다고 인정하는 경우에는 거래계약의 '이행이 완료될 때'까지 계약금·중도금 또는 잔금을 예치하도록 거래당사자에게 '권고할 수' 있다. ② 예치 권고는 임의적이며, 강제성은 없다.
예치 명의자	〈'누구의 명의로' 거래대금을 맡겨둘 수 있는가?〉 ♀key 중·은·체·보·신·전·공 거래대금에 대한 예치는 다음의 '예치명의자'에 '한하여' 예치를 할 수 있다. ① 〈중〉 개업공인중개사, ② 〈은〉 은행법상의 은행, ③ 〈체〉 우체국보험법상의 체신관서, ④ 〈보〉 보험회사, ⑤ 〈신〉 신탁업자, ⑥ 〈전〉 (에스크로우) 전문회사, ⑦ 〈공〉 이 법상의 공제사업을 하는 자(공인중개사협회) 기출 1. 「은행법」상의 '은행'은 거래대금의 예치명의자가 될 수 있다. (○) 　　 2. 「우체국예금·보험에 관한 법률」에 따른 '체신관서'도 예치명의자가 될 수 있다. (○) 　　 3. '법원'은 예치명의자가 될 수 있다. (×)
예치기관	〈거래대금을 '어디에' 맡겨둘 수 있는가?〉 예치기관은 ① 금융기관, ② 공제사업을 하는 자, ③ 신탁업자 등(체신관서, 보험회사 등)이 있다.
'개업 공인중개사' 명의시 개업공인 중개사의 의무	거래대금이 개업공인중개사의 명의로 예치가 되는 경우에는 개업공인중개사에게 다음의 의무가 발생된다(다른 자의 명의로 예치가 된 경우에는 이러한 의무규정이 개업공인중개사에게 적용되지 아니한다). ① 예치금의 보존 및 관리 　㉠ 개업공인중개사는 자기 소유의 예치금과 '분리'하여 '관리'될 수 있도록 하여야 한다. 　㉡ 예치된 계약금 등은 (거래당사자의 '동의 없이') 인출하여서는 아니 된다. ② 지급보증의무 　㉠ 개업공인중개사는 예치금액의 지급을 보장하는 내용의 보증보험이나 공제에 가입하거나 공탁을 하여야 한다. 지급보증의 관계 증서 사본을 교부하거나 전자문서를 제공하여야 한다. 　㉡ 지급보증은 '예치된 금액'만큼 설정을 하여야 한다. ③ 업무정지의 대상: 예치와 관련된 의무를 위반한 경우에는 업무정지처분의 대상이 된다. 기출 개업공인중개사가 계약금 등의 반환채무이행의 보장에 반하는 행위를 한 경우 중개사무소 개설'등록'을 취소할 수 있다. (×)

실비 청구권	개업공인중개사는 권리를 '취득'하고자 하는 의뢰인과 미리 실비에 대한 약정을 하고, 약정된 실비를 청구할 수 있다. **기출** 예치하는 데 소요되는 실비는 특별한 약정이 없는 한 '매도인'이 부담한다. (×)
매도인의 사전 수령권	계약금 등을 예치한 경우 매도인·임대인 등 계약금 등을 수령할 수 있는 권리가 있는 자는 해당 계약을 해제한 때에 계약금 등의 반환을 보장하는 내용의 금융기관 또는 보증보험회사가 발행하는 보증서를 계약금 등의 '예치명의자'에게 교부하고 계약금 등을 미리 수령할 수 있다.

금지행위 [법 제33조]

1 법 제33조 제1항의 금지행위

(1) 적용대상

개업공인중개사 '등'(소속공인중개사, 중개보조원 등)에게 적용된다. 즉, 중개사무소에 종사하는 개업공인중개사와 고용인들이 모두 해서는 아니 되는 행위들을 말한다. 일반인에게는 적용되지 아니한다.

(2) 행정처분

위반시에는 개업공인중개사는 상대적 등록취소사유(업무정지사유), 소속공인중개사는 자격정지사유에 해당된다.

형 벌	금지행위의 내용
1년 이하 징역 또는 1천만원 이하 벌금	♀key 거·금·매·친·증·직·쌍·투·시·카 ① 〈거〉 거짓행위: 거래상의 '중요사항'에 대하여 '거짓된 언행' 기타 방법으로 의뢰인의 판단을 그르치게5 하는 행위는 처벌된다. 　♀ 중요사항: 대상물의 기본적인 사항, 권리관계, '가격' 등. '가격'은 거래상의 중요사항에 해당된다(판례). ② 〈금〉 중개보수의 한도를 초과하는 행위: 법에서 정해진 중개보수의 한도를 '초과'하여 받거나, 사례비 등의 명목 등으로 중개보수의 한도를 초과하여 '금전'이나 물품을 받은 행위는 처벌된다. 　㉠ 중개보수: 개업공인중개사의 법정한도를 초과하는 약정은 '초과분'이 무효이다. 초과보수를 그대로 반환을 한 경우에도 처벌된다. 　기출 1. 개업공인중개사는 사례비 명목으로 법령상의 보수 또는 실비를 초과하여 금품을 받아서는 안 된다. (○) 　　　2. 법령상 한도를 초과하는 보수를 유효한 '당좌수표'로 받았으나, 부도 처리되어 개업공인중개사가 그 수표를 반환한 경우에도 이는 위법하여 처벌된다. (○) 　　　3. '개업공인중개사'와 중개의뢰인 사이의 「공인중개사법」 등 관련 법령에서 정한 한도를 초과하는 부동산 중개보수 약정은 그 '전부'가 무효이다. (×) 　　　4. 개업공인중개사가 중개보수 '산정'에 관한 지방자치단체의 조례를 '잘못 해석'하여 법령이 허용하는 금액을 초과한 중개보수를 받은 경우에도 처벌 대상이 된다. (○) 　㉡ 겸업보수: 중개보수가 아닌 경우(예 분양대행료, 상담료, 용역업의 알선료, 권리금 알선료 등)에는 법정중개보수 초과의 제한규정을 적용 받지 않는다(즉, 초과보수로 처벌되지 않는다).

기출 1. 상가건물의 '권리금 알선'과 관련하여 교부받은 금원은 중개보수의 제한규정이 적용된다. (×)

    2. 상가 '분양대행'과 관련하여 법령상의 한도액을 초과한 금원을 받은 경우에라도 초과중개보수로 처벌되지 아니한다. (○)

③ 〈매〉 '중개대상물'에 대한 '매매업'은 처벌된다.

    기출 1. '중개대상물'(토지, 건물, 입목, 광업재단, 공장재단 등)의 매매를 업으로 하는 행위는 처벌된다. (○)

    2. '중개대상물'의 '매매를 업'으로 하는 행위는 금지행위에 해당된다. (○)

④ 〈친〉 무등록 중개업자임을 '알면서' 그와 협력하는 행위는 처벌된다.

    기출 무등록 중개업자인지를 모르고 협력한 행위는 처벌되지 않는다. (○)

3년 이하 징역 또는 3천만원 이하 벌금

⑤ 〈증〉 관계 법령에서 거래가 '금지'된 부동산의 분양과 임대 등과 관련되는 '증서'에 대한 매매업이나 이를 중개하는 행위는 처벌된다(「주택법」에서 거래가 금지된 분양과 관련되는 청약통장을 거래하거나 이를 중개하거나 매매업을 하는 경우는 처벌된다).

    기출 1. 아파트 분양권, 상가 분양권 등은 거래가 금지된 증서에 해당하지 아니한다. (○)

    2. 입주자 저축증서(청약통장)에 대한 매매를 업으로 한 개업공인중개사는 1년 이하의 징역 또는 1천만원 이하의 벌금에 처해질 수 있다. (×)

⑥ 〈직〉 중개의뢰인과 '직접 거래'는 처벌된다. 이는 중개의뢰인으로부터 중개의뢰를 받은 개업공인중개사 등이 우월적 지위를 이용하여 불공정한 거래계약을 체결하는 것을 방지하고 중개의뢰인을 보호하기 위함이다(판례).

  ⊙ '중개의뢰인'에는 의뢰인의 '대리인'이나 '수임인'도 포함된다.

  ⓒ '다른' 개업공인중개사의 중개를 통한 거래는 처벌되지 않는다.

    기출 개업공인중개사가 중개의뢰인으로부터 매도의뢰 받은 주택을 직접 자기 명의로 매수하는 행위는 금지행위로 처벌된다. (○)

  ⓒ 경제공동체인 '배우자 명의'로 개업공인중개사가 중개의뢰인과 직접거래를 한 경우에도 직접거래로 처벌된다(판례).

  ⓔ 중개의뢰인과 직접거래를 한 거래계약은 유효하다. 처벌은 단속규정에 불과하다(판례).

  ⓜ 겸업의뢰인(신탁의뢰인 등)과의 직접거래는 처벌되지 아니한다(판례).

⑦ 〈쌍〉 거래당사자로부터의 거래계약의 체결권한에 대한 '쌍방대리'는 처벌된다.

    기출 개업공인중개사는 부동산 거래에서 거래당사자의 '일방'을 대리하여 계약을 체결하는 행위는 금지행위로 처벌된다. (×)

⑧ 〈투〉 탈세 등 관계 법령을 위반할 목적으로 전매 등 권리의 변동이 제한된 부동산의 매매를 중개하는 등 부동산 '투기를 조장'하는 행위는 처벌된다.

    기출 1. 전매차익이 없더라도 투기조장행위에 해당한다. (○)

    2. 개업공인중개사가 미등기전매를 알선하였으나 중개의뢰인이 이로 인하여 '전매차익'을 얻지 못한 경우라면 법 제33조(금지행위) 제7호의 '부동산투기를 조장하는 행위'에 해당하지 않는다. (×)

⑨ 〈시〉 중개대상물의 '시세'에 부당한 영향을 주거나 줄 우려가 있는 행위 ⇨ 부당한 이익을 목적으로 거짓으로 거래가 완료된 것처럼 꾸미는 등 '시세를 조작'하는 행위로서, 허위·위장계약은 처벌된다.

⑩ 〈카〉 단체('카르텔')를 구성하여 특정 중개대상물에 대하여 중개를 제한하거나, 단체 구성원 이외의 자와 공동중개를 제한하는 행위 ⇨ 개업공인중개사들의 그들만의 불법 담합행위로 공동중개를 제한하거나, 특정 물건의 중개를 방해하는 행위는 처벌된다.

판례

초과금품수수(중개보수)

1. 중개의 대가로 수수한 것은 명목을 불문한다.

개업공인중개사가 부동산의 거래를 중개한 후 사례비나 수고비 등의 명목으로 금원을 받은 경우에도 그 금액이 소정의 보수를 초과하는 때에는 위 규정을 위반한 행위에 해당한다(대판 98도3116).

2. 법정한도를 초과하는 약정은 초과분이 무효이다.

개업공인중개사의 법정 한도를 초과하는 중개보수 약정은 그 한도를 '초과하는 범위 내'에서 무효이다(대판 2005다32159).

3. 법정한도를 초과하는 당좌수표는 처벌된다.

보수 등의 명목으로 소정의 한도를 초과하는 액면금액의 당좌수표를 교부 받은 경우에는 특별한 사정이 없는 한, 곧바로 이 법에 위반되며, 비록 그 후 그 당좌수표가 '부도'처리되었다거나 또는 중개의뢰인에게 그대로 '반환'되었더라도 마찬가지이다(대판 2004도4136).

4. 착오를 인정하지 않으며 처벌한다.

개업공인중개사가 아파트 분양권의 매매를 중개하면서 **중개보수 '산정'에 관한** 지방자치단체의 조례를 '잘못' 해석하여 법에서 허용하는 금액을 초과한 중개보수를 수수한 경우가 (정당한) 법률의 착오에 해당하지 아니하며, 이는 (초과금품수수로) 처벌된다(대판 2004도62).

5. 손해발생을 처벌의 요건으로 하지 않는다.

범죄의 본질은 개업공인중개사 등이 중개의뢰인으로부터 보수 등의 명목으로 법정의 한도를 초과하는 금품을 취득함에 있는 것이지, 중개의뢰인에게 현실적으로 그 한도 초과액 상당의 재산상 손해가 발생함을 요건으로 하는 것이 아니다(대판 2004도4136).

6. 분양대행료(겸업보수)는 중개보수가 아니다.

중개와 "구별"되는 이른바 '분양대행'과 관련하여 교부받은 금원에 해당할 경우에는 「공인중개사법」 제33조 제1항 제3호에 의하여 초과수수가 금지되는 금원이 아니다(대판 98도1914).

7. 권리금 알선료(겸업보수)는 중개보수가 아니다.

이른바 '권리금' 등을 수수하도록 중개한 것은 중개행위에 해당하지 아니하고, 따라서 중개보수의 한도액 역시 이러한 거래대상의 중개행위에는 적용되지 아니한다(대판 2005도6054).

8. **신탁수수료(겸업보수)는 중개보수가 아니다.**

개업공인중개사가 이 사건 약정에 따라 이 사건 **토지를 분할하고 택지로 조성하여 그중 일부를 타에 매도하면서 어느 정도의 위험부담과 함께 이득을 취하는 일련의 행위로서「공인중개사법」** 소정의 중개행위에 해당하지 "않는다" 할 것이고, 따라서 위 각 행위와 관련하여 개업공인중개사가 취득한 금원 또한 초과가 금지되는 중개보수에는 해당하지 않는다(대판 2004도5271).

9. **포괄수수료는 처벌되지 아니한다.**

공인중개사가 '토지'와 '건물'의 임차권 및 '권리금', 시설비의 교환계약을 중개하고 그 사례 명목으로 '포괄적'으로 지급 받은 금원 중, 어느 금액까지가「공인중개사법」의 규율대상인 중개보수에 해당하는지를 특정할 수 없어 법정한도를 초과하여 중개보수를 지급받았다고 단정할 수 없다(대판 2005도6054).

⚖ 판례

중개의뢰인과 직접 거래

1. **중개의뢰인에는 대리인과 수임인 포함된다.**

위 법조 소정의 '중개의뢰인'에는 중개대상물의 '소유자'뿐만 아니라 그 소유자로부터 거래에 관한 대리권을 수여받은 '대리인'이나 거래에 관한 사무의 처리를 위탁받은 '수임인' 등도 포함된다고 보아야 한다(대판 90도1872).

2. **경제공동체인 배우자 명의로 거래한 것도 직접 거래로 처벌된다.**

전세계약서상 명의자는 개업공인중개사의 '배우자'로서 '경제적 공동체' 관계이고, 개업공인중개사가 해당 아파트에 실제로 거주하며, 자신이 직접 시세보다 저렴한 금액으로 임차하는 이익을 얻은 경우에는 중개의뢰인과 직접 거래에 해당되어 처벌대상이 된다(대판 2021도6910).

3. **중개의뢰인과의 '간접'거래(중개거래)는 허용된다.**

개업공인중개사가 매도인으로부터 매도중개의뢰를 받은 '다른' 개업공인중개사의 '중개'로 부동산을 매수하여 매수중개의뢰를 받은 또 '다른' 개업공인중개사의 중개로 매도한 경우, 직접거래에 해당하지 아니한다(대판 90도2858).

4. **중개의뢰인이 아닌 신탁의뢰인(겸업의뢰인)과 직접 거래는 허용된다.**

개업공인중개사가 토지소유자와 사이에 개업공인중개사 자신의 비용으로 토지를 택지로 조성하여 분할한 다음, 토지 중 일부를 개업공인중개사가 임의로 정한 매매대금으로 타인에게 매도하되, 토지의 소유자에게는 그 매매대금의 수액에 관계없이 확정적인 금원을 지급하고 그로 인한 손익은 개업공인중개사에게 귀속시키기로 하는 약정을 한 경우, 이는 단순한 중개의뢰 약정이 아니라 '위임 및 도급'의 복합적인 성격을 가지는 약정으로서, 개업공인중개사가 토지소유자로부터 토지에 관한 '중개의뢰'를 받았다고 할 수 '없다'(대판 2005도4494). (그러므로 이러한 경우에는 중개의뢰인에 해당되지 않으며, 중개의뢰인과 직접 거래로서 처벌되지 아니한다)

5. **중개의뢰인과 직접 거래에 대한 처벌규정은 '단속규정'에 불과하다.**

개업공인중개사 등이 중개의뢰인과 직접 거래를 하는 행위를 금지하는「공인중개사법」제33조 제1항 제6호의 규정은 강행규정이 아니라 '단속규정'에 불과하다(대판 2016다259677). 즉, 거래계약은 유효하다.

6. **중개의뢰인과 직접 거래금지의 취지는 중개의뢰인을 보호하고자 함에 있다**(대판 2021도6910).

2 법 제33조 제2항의 금지행위

(1) 적용대상

'누구든지'(개업공인중개사 등 포함) 시세에 부당한 영향을 줄 목적으로 다음의 행위로서, 개업공인중개사의 정당한 중개업무를 방해하는 행위를 하여서는 아니 된다.

🔑key 특·특·특·광·광

① 〈특〉'특정' 개업공인중개사 등에 대한 중개의뢰를 제한하거나 제한을 유도하는 행위

② 〈특〉'특정' 개업공인중개사에게만 의뢰하기로 담합하거나, 다른 개업공인중개사 등을 부당하게 차별하는 행위

③ 〈특〉'특정' 가격 이하로 중개를 의뢰하지 아니하도록 유도하는 행위

④ 〈광〉정당한 사유 없이 개업공인중개사 등의 중개대상물에 대한 정당한 표시·'광고' 행위를 방해하는 행위

⑤ 〈광〉개업공인중개사 등에게 시세보다 현저하게 높게 표시·광고하도록 강요하거나 대가를 약속하고 시세보다 현저하게 높게 표시·'광고'하도록 유도하는 행위

(2) 처 벌

3년 이하의 징역 또는 3천만원 이하의 벌금에 처한다.

손해배상책임과 업무보증설정의무

법 제30조 【손해배상책임의 보장】 ① '개업공인중개사'는 '중개행위'를 하는 경우 '고의 또는 과실'로 인하여 거래당사자에게 재산상의 손해를 발생하게 한 때에는 그 손해를 배상할 책임이 있다.
② '개업공인중개사'는 자기의 중개사무소를 다른 사람의 '중개행위'의 장소로 제공함으로써 거래당사자에게 재산상의 손해를 발생하게 한 때에는 그 손해를 배상할 책임이 있다.
③ '개업공인중개사'는 '업무를 개시하기 전'에 제1항 및 제2항에 따른 손해배상책임을 보장하기 위하여 대통령령으로 정하는 바에 따라 보증보험 또는 제42조에 따른 공제에 가입하거나 공탁을 하여야 한다.

법 제30조	① 개업공인중개사는 '중개행위'를 함에 있어서 자신의 고의 또는 과실로 인하여 거래당사자에게 재산상의 손해를 발생하게 한 경우에 그 손해를 배상할 책임이 있다. 즉, 개업공인중개사의 자신의 귀책사유로 인하여 발생한 중개사고에 대하여 손해배상해야 할 책임이 있다.

① 개업공인중개사는 '중개행위'를 함에 있어서 자신의 고의 또는 과실로 인하여 거래당사자에게 재산상의 손해를 발생하게 한 경우에 그 손해를 배상할 책임이 있다. 즉, 개업공인중개사의 자신의 귀책사유로 인하여 발생한 중개사고에 대하여 손해배상해야 할 책임이 있다.

🔔 고용인의 업무상 행위는 그를 고용한 개업공인중개사의 행위로 보기 때문에 고용인의 중개사고로 인한 손해배상책임도 개업공인중개사의 손해배상책임규정이 그대로 적용이 된다.

② 개업공인중개사는 자신의 중개사무소를 타인의 '중개행위' 장소로 제공함으로써 거래당사자에게 재산상의 손해를 발생하게 한 경우에 그 손해를 배상할 책임이 있다.

🔳기출 개업공인중개사가 중개사무소를 다른 사람의 중개행위 '이외'의 장소로 제공해 거래당사자에게 손해를 발생하게 한 때에는 '이 법'상의 손해를 배상할 책임이 있다. (×)

③ 개업공인중개사는 이 법상의 배상 책임을 보장하기 위하여 '업무를 개시하기 전'에 업무보증을 설정하여야 한다. '보증기관'에서는 개업공인중개사와 함께 의뢰인에게 재산상의 손해를 배상할 책임을 진다.

🔔 보증기관의 책임한계 : 보증기관은 이 법 제30조에 규정된 것만 책임을 지게 되며, 개업공인중개사의 "중개행위"가 아닌 것을 이유로 발생된 손해이거나, 의뢰인의 "재산상 손해"가 아닌 정신적 손해에 대해서는 배상책임을 부담하지 않는다.

중개행위 여부 (판례)

① '중개행위'에 해당되는지의 여부는 행위자의 주관적 의사(중개의사)에 의하여 결정하는 것이 아니고, '객관적'으로 사회통념상 판단한다(대판 2005다32197).
② '중개행위의 범위'는 부동산 거래행위에 대한 알선뿐만 아니라, 그와 관련되는 행위로 보이는 것도 중개행위에 해당된다(대판 2005다32197)(개업공인중개사가 '잔금' 중 일부를 횡령한 경우는 중개행위에 해당).
③ 경매 물건의 권리분석 및 취득의 '알선'행위도 중개행위에 해당된다(대판 2005다40853).
④ 거래의 일방 당사자의 의뢰에 의하여 중개(일방중개)하는 경우도 중개행위에 포함한다(대판 94다47261).

책임 내용	① "개업공인중개사"는 의뢰인의 손해 '전액'에 대하여 배상책임을 진다. ② "보증기관"에서는 개업공인중개사가 설정한 '업무보증금액 범위 내'에서만 배상책임을 진다(예컨대, 2억원짜리 보험에 가입했다면, 보증보험회사나 공제는 2억원까지만 책임을 진다). 또한 보증기관에서는 의뢰인의 재산상 손해에 대해서만 배상책임을 진다. **기출** 1. '개업공인중개사'의 손해배상책임은 가입한 보증보험의 보장금액을 한도로 한다. (×) 2. 2억원의 보증을 설정한 개업공인중개사 甲의 중과실로 거래당사자 乙에게 3억원의 재산상의 손해가 발생한 때에는, 乙은 개업공인중개사 甲에게 전액 손해배상을 청구할 수 있으나, 보증기관에는 2억원에 한하여 배상 청구할 수 있다. (○)
보증 설정 방법	① 개업공인중개사는 다음의 3가지 중, 하나의 방법으로 업무보증을 설정하여야 한다. ㉠ 보증보험가입, ㉡ 공제가입(공인중개사협회에서 운영), ㉢ 공탁(지방법원) ② 개업공인중개사가 공탁으로 보증을 설정한 경우: 공탁금은 폐업이나 사망시 '3년간' 이를 회수할 수 없다(의뢰인을 보호하기 위함).
최소 설정 금액	① 법인인 개업공인중개사: 주된 사무소 4억원 이상, 분사무소 2억원 이상을 추가로 설정해야 한다. **기출** 법인인 개업공인중개사가 분사무소를 2개 운영하는 경우에는 법인의 최저 보증금액은 8억원 이상 설정되어야 한다. (○) ② 특수법인: 지역농업협동조합 2천만원 이상, 그 외 특수법인도 2천만원 이상을 설정하여야 한다. ③ 개인인 개업공인중개사: 2억원 이상을 설정하여야 한다.
업무보증 설정 및 유지의무	개업공인중개사의 업무보증 설정의무는 중개업을 하는 동안에는 계속 '유지'되어야 한다. ① 신규설정: 개업공인중개로 등록을 한 후, '업무개시 전'까지 설정하여야 한다. ② 보증변경: 이미 설정한 보증의 '효력이 있는 기간 중'에 다른 보증을 먼저 설정하여야 한다. ③ 기간만료: 보증기간의 '만료일까지' 재설정하여야 한다. **기출** 보증을 설정한 개업공인중개사가 그 보증을 다른 보증으로 변경하고자 하는 경우에는 기설정한 보증의 효력이 만료되는 즉시 다른 보증을 설정하여야 한다. (×)
보증증서 사본 교부 및 설명의무	① 업무보증을 설정하지 아니하고 중개업무를 수행한 경우: 상대적 등록취소(업무정지) 사유에 해당한다. ② 중개완성시 보증증서 사본(또는 전자문서)을 의뢰인 쌍방에게 교부하여야 하며, 보증에 대하여 설명하여야 한다(보증 설명: 보장금액, 보장기간, 보증기관 및 그 소재지를 의뢰인 쌍방에게 설명해야 한다, 위반시: 100만원 이하의 과태료).

🏠 중개완성시 개업공인중개사의 교부 의무

중개완성시 거래당사자 쌍방에게 교부할 것	위반시
① 거래계약서, ② 확인·설명서	업무정지
③ 업무보증증서 사본(전자문서 가능) + ④ 보증에 관한 4가지 설명 (㉠ 보장기간, ㉡ 보장금액, ㉢ 업무보증기관 및 ㉣ 그 소재지)	100만원 이하의 과태료

중개 사고시 배상 절차	① 중개의뢰인은 손해배상합의서, 화해조서, 확정된 법원의 판결문 사본, 기타 이에 준하는 효력 있는 서류 중 택일하여 보증기관에 지급을 청구하여야 한다. ② 보증기관(보증보험, 공제)은 손해배상금을 지급하고 개업공인중개사에게 구상권을 행사할 수 있다. ③ 보증기관이 '손해배상'을 한 때에는 '15일 이내'에 보증보험이나 공제에 '다시 가입'하여야 하고, 공탁의 경우 최소보증금에 '부족하게 된 금액을 보전'하여야 한다.

⚖️ 판례

법 제30조의 '중개행위' 해당 여부

1. 중개행위는 "객관적"으로 판단한다.

어떠한 행위가 중개행위에 해당하는지 여부는 개업공인중개사의 주관적 의사에 의하여 결정할 것이 아니라, 개업공인중개사의 행위를 객관적으로 보아 사회통념상 거래의 알선·중개를 위한 행위라고 인정되는지 여부에 의하여 결정하여야 한다(대판 2005다32197).

2. 중개행위에는 "알선"뿐만 아니라 중개와 "관련되는 행위"도 포함된다.

부동산 매매계약 체결을 중개하고 계약 체결 후 계약금 및 중도금 지급에도 '관여한' 부동산 개업공인중개사가 잔금 중 일부를 횡령한 경우, 「공인중개사법」 제30조 제1항이 정한 '개업공인중개사가 중개행위를 함에 있어서 거래당사자에게 재산상의 손해를 발생하게 한 경우'에 해당한다(대판 2005다32197).

3. 중개행위는 알선뿐만 아니라 "관련되는 행위"도 포함된다.

개업공인중개사가 계약 체결 후에도 보증금의 지급, 목적물의 인도, 확정일자의 취득 등에 '관여함으로써' 계약상 의무가 원만하게 이행되도록 주선할 것이 예정되어 있는 때에는 그러한 개업공인중개사의 행위는 '중개행위'의 범주에 포함된다(대판 2005다55008).

4. 일방중개(공동중개)도 중개행위에 해당한다.

'중개행위'란 개업공인중개사가 거래의 "쌍방" 당사자로부터 중개의뢰를 받은 경우(단독중개)뿐만 아니라, 거래의 "일방" 당사자의 의뢰에 의하여 중개대상물을 알선·중개하는 경우(공동중개의 경우)도 포함하는 것이다(대판 94다47261).

5. 경매 "알선"도 중개행위에 해당한다.

거래당사자의 보호에 목적을 둔 법 제30조 규정과 업무보증제도의 취지를 감안하면, 결국 경매 대상 부동산에 대한 권리분석 및 취득의 "알선" 행위도 사회통념상 '중개행위'에 해당한다고 해석함이 타당하다(대판 2005다40853).

6. "거래행위"는 중개행위가 아니다.

甲이 공인중개사 자격증과 중개사무소 등록증을 대여받아 중개사무소를 운영하던 중 오피스텔을 임차하기 위하여 위 중개사무소를 방문한 乙에게 자신이 오피스텔을 소유하고 있는 것처럼 가장하여 **직접 거래당사자로서 임대차계약을 체결한 사안에서**, 비록 임대차계약서의 중개사란에 중개사무소의 명칭이 기재되고, 공인중개사 명의로 작성된 중개대상물 확인·설명서가 교부되었다고 하더라도, 甲의 위 행위를 사회통념상 거래당사자 사이의 임대차를 알선·중개하는 행위에 해당한다고 볼 수 없다(대판 2010다101486). 그러므로 중개업의 보증기관에 책임을 물릴 수 없다.

🔨 판례

손해배상책임

1. 중개행위의 장소로 제공한 경우 배상책임이 있다.

개업공인중개사인 甲이 자신의 사무소를 "중개행위"의 장소로 제공하여 乙이 그 사무소에서 임대차계약을 중개하면서 거래당사자로부터 종전 임차인에게 임대차보증금의 반환금을 전달하여 달라는 부탁을 받고 그 금원을 수령한 후 이를 횡령한 경우, 甲은 거래당사자가 입은 손해를 배상할 책임이 있다(대판 2000다48098).

2. 무상중개시에도 손해배상책임이 인정된다.

부동산중개계약에 따른 개업공인중개사의 확인·설명의무와 이에 위반한 경우의 손해배상의무는 중개의뢰인이 개업공인중개사에게 소정의 보수를 지급하지 아니하였다고 해서 당연히 소멸되는 것이 아니다(대판 2001다71484).

3. 대리권을 확인해야 한다.

부동산 소유자의 인척으로부터 중개를 의뢰받고 적법한 대리권 유무를 조사·확인하지 않은 채 중개행위를 한 부동산 개업공인중개사의 부동산 매수인에 대한 손해배상책임을 인정한다(대판 2007다73611).

4. 과실이 인정된다.

그릇된 정보를 제대로 확인하지도 않은 채, 마치 그것이 진실인 것처럼 의뢰인에게 그대로 전달하여 의뢰인이 그 정보를 믿고 상대방과 계약에 이르게 되었다면, 개업공인중개사의 그러한 행위는 선량한 관리자의 주의로 신의를 지켜 성실하게 중개행위를 하여야 할 개업공인중개사의 의무에 위반된다(대판 2008다42836). 「공인중개사법」상의 손해배상책임을 지게 된다.

5. 대필해서는 아니 된다.

개업공인중개사는 중개가 완성된 때에만 거래계약서 등을 작성·교부하여야 하고, 중개를 하지 아니하였음에도 함부로 거래계약서 등을 작성·교부하여서는 아니 된다(대판 2009다78863·2009다78870).

6. 대필시 손해배상책임이 있다.

부동산 개업공인중개사가 자신의 중개로 전세계약이 체결되지 않았음에도 실제 계약당사자가 아닌 자에게 전세계약서와 중개대상물 확인·설명서 등을 작성·교부해 줌으로써 이를 담보로 제공받아 금전을 대여한 대부업자가 대여금을 회수하지 못하는 손해를 입은 사안에서, 개업공인중개사의 주의의무 위반에 따른 손해배상책임을 인정한다(대판 2009다78863·2009다78870).

중개보수

중개보수 청구권	① 발생 : 별도의 중개보수에 대한 약정이 없더라도 '중개계약 체결시'에 중개보수청구권은 발생한다(판례). **기출** 중개계약 체결시에 별도의 중개보수 지급 약정이 없는 경우에는 중개보수를 청구할 수 없다. (×) ② 지급시기 : 약정이 있으면 약정시기에 보수를 청구하며, 약정이 없는 경우에는 '대금지급이 완료된 날'에 보수를 청구할 수 있다. ③ 소멸 : '개업공인중개사의 고의·과실'로서 거래계약이 무효·취소·해제된 경우에는 중개보수청구권은 소멸된다. **기출** 1. 중개가 완성된 후에 '중개의뢰인' 사정으로 계약이 해지되었다면 중개보수청구권은 소멸한다. (×) 2. '개업공인중개사'의 고의 또는 과실로 인하여 중개의뢰인 간 거래행위가 해제된 경우에도 중개보수의 청구권은 인정된다. (×)
겸업보수와 구별	① 권리금 알선료, 분양대행료, 부동산이용개발거래에 관한 상담료, 임대관리대행료 등은 겸업보수에 해당되어, 중개보수 제한 규정이 적용되지 아니한다. ② 겸업보수는 무제한으로 당사자 간의 합의에 따라 받을 수 있다. **기출** 권리금 알선료는 중개보수의 한도를 초과할 수 없다. (×)

판례

1. 공인중개사가 중개대상물에 대한 계약이 완료되지 않을 경우에도 중개행위에 상응하는 보수를 지급하기로 약정할 수 있다(대판 2017다243723).

2. 부동산 중개보수 제한에 관한 규정들은 공매 대상 부동산 취득의 "알선"에 대해서도 적용된다고 봄이 타당하다(대판 2017다243723).

거래 유형	중개보수 계산 방법
매 매	거래가액 × 요율 = 산출액
교 환	거래금액이 '큰' 부동산의 가액 × 요율 = 산출액 **기출** 교환일 경우 그중 거래금액이 '적은' 중개대상물의 가액을 거래금액으로 한다. (×)
전세권	전세금 × 요율 = 산출액
임대차	① 보증금 + (월세액 × 100) = 산출액 ② 산출액이 5천만원 이상 × 요율 ③ 산출액이 '5천만원 미만' ⇨ 보증금 + (월세액 × 70) = 산출액 × 요율 **기출** 보증금 2,000만원, 월차임 20만원으로 임대차 계약을 체결하였다면 중개보수의 산정시 적용되는 거래금액은 3,400만원이다. (○)
분양권	실 지불금액[매도인 총 수수대금(기계약금 + 기납입금 + 프리미엄)] × 요율 = 산출액 **기출** 일부 중도금만 납부된 분양권을 중개하는 경우 중개보수는 총 분양가에 프리미엄을 포함한 금액으로 계산한다. (×)

*위 표 좌측 세로 제목: **거래대금의 산정***

보수 요율

주택 (부속토지 포함)

① 국토교통부령으로 정하는 범위 안에서 시·도 조례로 정한다.
② 일방으로부터 받는 보수 한도
   ㉠ 매매·교환의 경우: 국토교통부령 한도 내에서 정해진 시·도 조례 (한도액 범위 내에서 상호 협의)
   ㉡ 임대차 등 경우: 국토교통부령 한도 내에서 정해진 시·도 조례(한도액 범위 내에서 상호 협의)
③ 주택의 중개보수 요율(국토교통부령)

거 래	거래금액	상한요율	한도액
매매·교환	5천만원 미만	1천분의 6	25만원
	5천만원 이상 2억원 미만	1천분의 5	80만원
	2억원 이상 9억원 미만	1천분의 4	–
	9억원 이상 12억원 미만	1천분의 5	–
	12억원 이상 15억원 미만	1천분의 6	–
	15억원 이상	**1천분의 7**	–
임대차 등	5천만원 미만	1천분의 5	20만원
	5천만원 이상 1억원 미만	1천분의 4	30만원
	1억원 이상 6억원 미만	1천분의 3	–
	6억원 이상 12억원 미만	1천분의 4	–
	12억원 이상 15억원 미만	1천분의 5	–
	15억원 이상	**1천분의 6**	–

		④ 위의 국토교통부령의 범위 내에서 정해진 (특·광)시·도 조례상의 비율을 거래가액에 곱하여 보수를 받되, (특·광)시·도 조례상의 한도액이 있으면 그 한도액의 범위 내에서 받아야 한다. **기출** 중개보수는 중개대상에 따라 주택과 주택 외로 구분하여 '다른' 기준을 적용한다. (○)
	주택 외	① 주택 이외의 물건은 모두 국토교통부령으로 정한다(전국 공통). **기출** '주택 이외'의 중개대상물에 대한 중개보수는 국토교통부령으로 정하는 범위 안에서 특별시·광역시 또는 도의 조례로 정한다. (×) ② (일반물건) 상가, 토지, 사무실, 공장건물 등 : 거래금액의 0.9%(1천분의 9) 이내에서 상호 협의한다. ③ (특수물건) "주거용 오피스텔" : 전용면적이 '85제곱미터' 이하이고, 상·하수도 시설이 갖추어진 전용입식 부엌과 전용수세식 화장실 및 목욕시설을 갖춘 오피스텔 　㉠ 매매·교환은 거래대금에 0.5%(1천분의 5) 범위 내에서 협의한다. 　㉡ 임대차 등은 거래대금에 0.4%(1천분의 4) 범위 내에서 협의한다.
보수 기준 및 제한		① '동일'한 중개대상물에 대하여 '동일' 당사자 간의 매매를 포함한 둘 이상의 거래가 '동일' 기회에 이루어진 경우에는 '매매에 대한 보수'만을 받을 수 있다. **기출** 동일한 중개대상물에 대하여 동일 당사자 간에 매매와 임대차 거래를 동일 기회에 함께 중개한 경우에는 매매와 임대차에 대한 중개보수를 모두 합산하여 받을 수 있다. (×) ② 복합건축물 중 주택의 면적이 '1/2 이상'인 경우에는 '주택'으로 중개보수를 받아야 한다(주택의 면적이 1/2 미만이면, 주택 외의 대상물로 받아야 한다). ③ 중개대상물 소재지와 중개사무소의 소재지가 다른 경우에는 '중개사무소' 소재지 관할 '시·도 조례'에 따라 주택에 대한 중개보수를 받아야 한다. 🔑key 주택..사·조
실 비		① 실비부담자 　㉠ 권리관계 등의 '확인'에 소요된 실비 : 권리 이전하고자 하는 의뢰인에게 청구할 수 있다. 　㉡ 계약금 등의 반환'채무이행보장'과 관련된 실비(예치실비) : 권리 취득하고자 하는 의뢰인에게 청구할 수 있다. ② 개업공인중개사가 영수증 등을 첨부하여 비용으로 청구할 수 있다. ③ '중개사무소'가 소재하는 '시·도 조례'에 따른다. 🔑key 실비..사·조

┌─ 예제 ─┐

1. 매매와 임대차를 동시에 중개한 경우 다음은 중개보수와 관련된 내용이다. 개업공인중개사 甲이 B에게 받을 수 있는 최고금액은 얼마인가?

> • 개업공인중개사 甲은 아파트에 대하여 매도인 A와 매수인 B가 20억원에 매매계약체결을 하도록 알선하고, 동시에 그 건물을 매수인 B가 다시 "A에게" 보증금 10억원에 임대차 계약을 체결하도록 알선을 하였다.
> • 조 례
>   – 매매: 15억원 이상 – 0.7%(한도액 없음)
>   – 임대차 등: 6억원 이상 ~ 12억원 미만 – 0.4%(한도액 없음)

해설 동일한 물건에 대하여, 매매와 임대차가 동일 당사자 사이에 동일한 기회에 성사된 거래이므로, 개업공인중개사는 "매매"에 관한 중개보수만을 받을 수 있다. 매매보수는 매매대금 20억 × 0.7% = 1,400만원이 된다.
▶ **정답** 1,400만원

2. 주상복합건물의 경우 개업공인중개사가 X시에 소재하는 주택의 면적이 3분의 1인 건축물에 대하여 매매와 임대차 계약을 동시에 중개하였다. 개업공인중개사가 甲으로부터 받을 수 있는 중개보수의 최고한도액은?

> 〈계약 조건〉
> • 계약당사자: 甲(매도인, 임차인)과 乙(매수인, 임대인)
> • 매매계약: 매매대금 10억원
> • 임대차 계약
>   – 임대보증금 3억원
>   – 월차임 300만원

해설 주택의 면적이 전체 건축물의 1/3이므로, 전체에 대해 주택 '외'의 중개보수가 적용된다. 그러므로 0.9% 범위 내에서 협의해서 받아야 한다. 매매에 대한 중개보수이므로, 매매대금 10억원에 0.9%를 곱하면, '900만원'이 법정한도의 중개보수가 된다.
▶ **정답** 900만원

3. 주거용 오피스텔의 임대차 주거전용면적이 85m²이고, 상·하수도 시설이 갖추어진 전용입식 부엌, 전용수세식 화장실 및 목욕시설을 갖춘 주거용 오피스텔이 계약기간 1년, 보증금 1억원, 월세 200만원에 임대차 계약이 체결된 경우, 개업공인중개사가 임차의뢰인으로부터 받을 수 있는 중개보수의 최고액은 얼마인가?

해설 거래대금이 1억원 + (200만원 × 100) = 3억원. 그러므로 3억원 × 0.4%(임대차) = 120만원. 그러므로 120만원을 임차의뢰인으로부터 받을 수 있다.
▶ **정답** 120만원

Thema 24 부동산거래정보망

1 기본 개념

(1) '부동산거래정보망'은 '개업공인중개사' 상호 간의 정보교환체계이다. 일반인들은 이용할 수 없으며, 오로지 개업공인중개사들만 이용할 수 있는 부동산정보망을 말한다.

> **기출** 부동산거래정보망이란 개업공인중개사와 '중개의뢰인' 간에 중개대상물의 중개에 관한 정보를 교환하는 체계를 말한다. (×)

(2) '국토교통부장관'은 거래정보망을 운영하는 거래정보사업자를 지정할 수 있다.

2 거래정보사업자

지정요건 및 (구비서류)	부동산거래정보망을 운영하는 거래정보사업자가 되기 위해서는 다음의 요건을 갖추어서 그 증명서류를 첨부하여 사업자 지정을 신청하여야 한다. ① 〈컴퓨터〉 부동산거래정보망의 가입자가 이용하는 데 지장이 없는 정도로서 '국토교통부장관'이 정하는 용량 및 성능을 갖춘 '컴퓨터설비'를 확보할 것(사업자의 주된 컴퓨터의 용량과 성능을 확인할 수 있는 서류) ② 〈통신〉「전기통신사업법」에 따른 '부가통신사업자'일 것(부가통신사업자신고서 등 부가통신사업자임을 확인할 수 있는 서류) ③ 〈기사ー1명〉 '정보처리기사 "1명" 이상'을 확보할 것(정보처리기사 자격증 "사본") ④ 〈개사ー1명〉 '공인중개사 "1명" 이상'을 확보할 것(공인중개사 자격증 "사본") (개업공인중개사 ×) ⑤ 〈회원ー오·이·쌈빵〉 가입·이용신청을 한 '개업공인중개사'의 수가 '전국 500명 이상'이고 '2개' 이상의 시·도에서 각각 '30명' 이상의 개업공인중개사가 가입·이용신청을 하였을 것(회원인 개업공인중개사의 가입·이용신청서와 중개업 등록증 "사본")
지정 (30일)	거래정보사업자 지정신청을 받은 때에는 국토교통부장관은 '30일 이내'에 검토하고, 지정기준 적합시 거래정보사업자 지정대장에 기재 후 '지정서'를 교부하여야 한다.
운영규정 (3개월)	① 거래정보사업자는 사업자 지정을 받은 날로부터 '3개월 이내' 운영에 필요한 '운영규정' 정하여 '국토교통부장관'에게 승인받아야 한다. ② 거래정보사업자는 승인받은 운영규정 그대로 운영을 하여야 하며, 위반시에는 지정이 취소될 수 있으며, 500만원 이하의 과태료처분을 받을 수도 있다. ③ 거래정보사업자가 운영규정을 차후에 변경하려는 경우에도 '국토교통부장관'의 승인을 얻어야 한다.

설치운영 (1년)	거래정보사업자는 사업자 지정을 받은 날부터 '1년 이내'에 거래정보망을 설치·운영하여야 한다. 위반시에는 국토교통부장관은 사업자 지정을 취소 '할 수' 있다(해야 한다 ×).
정보위반 (허위정보 공개)	① 거래정보사업자가 허위정보 공개: 지정취소 + (1년 이하의 징역 또는 1천만원 이하의 벌금) **기출** 거래정보사업자가 개업공인중개사로부터 의뢰받은 정보와 다르게 공개를 한 경우에는 국토교통부장관은 그 사업자 지정을 취소할 수 있다. (○) ② 개업공인중개사가 허위정보 공개: 업무정지처분 **기출** 1. 부동산거래정보망에 중개대상물에 관한 거래의 중요한 정보를 거짓으로 공개한 '개업공인중개사'는 500만원 이하의 과태료에 처한다. (×) 2. 개업공인중개사는 중개대상물의 거래가 완성된 때에는 지체 없이 이를 해당 거래정보사업자에게 통보하여야 한다. (○)
지정취소 사유	'국토교통부장관'은 거래정보사업자가 다음 어느 하나에라도 위반되는 경우에는 지정취소 '할 수' 있다(재량행위). **key** 일·부·운·정·해 ① 〈일〉 정당한 사유 없이 "1년" 이내에 설치·운영하지 아니한 경우 ② 〈부〉 "부정"한 방법으로 지정을 받은 경우 ③ 〈운〉 "운영규정" 위반(승인 ×, 변경승인 ×, 내용위반 ○) + 500만원 이하의 과태료 ④ 〈정〉 의뢰받은 내용과 다르게 "정보"를 공개하거나 차별적으로 공개한 경우 + (1년 − 1천 이하) ⑤ 〈해〉 거래정보사업자의 사망 또는 "해산" 기타 사유로 운영이 불가능한 경우 **기출** 거래정보사업자가 운영규정의 변경승인을 얻지 아니하고 부동산거래정보망을 운영한 때에는 그 지정이 '취소된다'. (×)
청 문	위 지정취소사유 중 ①, ②, ③, ④는 '청문'을 하여야 하나, ⑤의 사유로 지정을 취소할 때에는 청문을 생략할 수 있다. **기출** 법인인 거래정보사업자의 '해산'으로 거래정보망 운영이 불가능한 경우 그 사업자 지정을 취소하기 위하여 청문을 실시할 필요는 없다. (○)

주의

1. 거래정보사업자 "지정대장"에 기재할 사항

국토교통부장관은 다음의 사항을 거래정보사업자 지정대장에 기재하여야 하고, 거래정보사업자 지정대장은 전자적 처리가 불가능한 특별한 사유가 없으면 전자적 처리가 가능한 방법으로 작성·관리하여야 한다.

> ① 〈지·지〉 지정번호 및 지정연월일
> ② 〈상〉 상호 또는 명칭 및 대표자의 성명
> ③ 〈사〉 사무소의 소재지
> ④ 〈컴퓨터〉 주된 컴퓨터설비의 내역
> ⑤ 〈전문〉 전문자격자의 보유에 관한 사항

2. 거래정보사업자의 "운영규정"에 포함할 사항

거래정보사업자 지정을 받은 날로부터 3개월 이내에 아래의 내용이 포함된 운영규정을 정하여 국토교통부장관의 승인을 받아야 한다.

> ① 〈등록〉 부동산거래정보망에의 '등록'절차
> ② 〈금〉 가입자에 대한 '회비' 및 그 징수에 관한 사항(금전사항)
> ③ 〈자료이용〉 '자료'의 제공 및 이용방법에 관한 사항
> ④ 〈권〉 거래정보사업자 및 가입자의 '권리'·의무에 관한 사항
> ⑤ 그 밖에 부동산거래정보망의 이용에 관하여 필요한 사항

공인중개사협회

① 협회의 설립 및 조직

목적 및 성격	① 공인중개사인 개업공인중개사(부칙상 개업공인중개사 포함)는 '품위유지', '자질향상', 중개업 제도 '개선' 등을 목적으로 협회를 설립'할 수' 있다(해야 한다 ×). ② 협회 설립의 목적은 영리목적이 아니라, 품위유지, 자질향상, 중개업 제도 개선 등을 목적으로 한다(영리목적 ×). ③ 「공인중개사법」은 협회 설립과 관련하여서는 설립인가주의, 임의설립주의, 임의가입주의를 취하며, 복수 협회 설립도 가능하다. ④ 공인중개사협회는 '비영리 사단법인'으로서, 공인중개사법」의 규정이 없는 부분은 「민법」의 '사단법인' 규정이 적용된다. **기출** 협회에 관하여 공인중개사법령에 규정된 것 외에는 「민법」 중 '재단법인'에 관한 규정을 적용한다. (×)
설립 절차	**🔑key** 발 · 창 · 인 · 기 ① '발기인'(설립의 주체인 개업공인중개사) 300인 이상이 정관 작성 ② '창립총회' 의결(600인 이상 / 서울특별시 '100인' 이상, 광역시 · 도 · 특별자치도 각 '20인' 이상 / 출석자 과반수 찬성 · 동의를 받아서 가결) **🔑key** 원 · 투 · 차 · 차 · 차 ③ 국토교통부장관의 협회 설립에 대한 '인가' ④ '설립등기'를 함으로써 협회가 법인으로 '성립'한다.
조직 (구성)	**🔑key** 주 · 부 · 회 ① 〈주〉 '주된 사무소'의 필수 구성(법정사항) : 소재지에는 제한이 없다. ② 〈부〉 '지부' : '(특 · 광)시 · 도'에 정관이 정하는 바에 따라 '둘 수' 있다. 설치를 '한 때'에는 사후신고로서, 시 · 도지사에게 설치신고를 하여야 한다. ③ 〈회〉 '지회' : '시 · 군 · 구'에 정관이 정하는 바에 따라 '둘 수' 있다. 설치를 '한 때'에는 사후신고로서, 등록관청(시 · 군 · 구청장)에 설치신고를 하여야 한다. **기출** 협회가 그 지부 또는 지회를 설치한 때에는 그 지부는 국토교통부장관에게, 지회는 시 · 도지사에게 신고하여야 한다. (×)

고유업무	협회는 다음의 업무를 고유업무로 수행할 수 있다. ♀key 품·질·개선·윤리·정·공 ① 〈품〉 회원의 '품위유지'를 위한 업무 ② 〈질〉 회원의 '자질향상'을 위한 지도 및 교육·연수에 관한 업무 ③ 〈개선〉 부동산중개제도의 연구·'개선'에 관한 업무 ④ 〈윤리〉 회원의 '윤리헌장' 제정 및 그 실천에 관한 업무 ⑤ 〈정〉 부동산 '정보제공'에 관한 업무 ⑥ 〈공〉 '공제사업': '비영리사업'으로서 회원 간의 '상호부조'를 목적으로 한다. ⑦ 그 밖에 협회의 설립목적 달성을 위하여 필요한 업무 기출 1. 협회는 부동산 정보제공에 관한 거래정보사업을 할 수 있다. (○) 　　 2. 협회는 부동산중개업을 수행할 수 있다. (×)
수탁업무	실무교육 등 교육에 관한 업무, 시험 시행에 관한 업무 등 시·도지사 등의 업무를 위탁받아서 수행하기도 한다. 기출 협회는 고유업무로 실무교육을 수행할 수 있다. (×)
지도 및 감독	① 협회, 지부, 지회에 대한 지도·감독권은 '국토교통부장관'에게 있다. 기출 협회는 시·도에 지부를 둘 수 있고, 지부는 '시·도지사'가 지도·감독한다. (×) ② 협회는 총회의 의결내용을 '지체 없이' 국토교통부장관에게 보고하여야 한다.

② 협회의 고유업무로서의 공제사업

공제사업	① 협회는 회원 간의 '상호부조'를 목적으로 개업공인중개사의 이 법상의 손해배상책임을 위한 공제사업을 '할 수' 있다(영리 목적 ×). (설립하여야 한다 ×) 기출 1. 개업공인중개사가 자기의 중개사무소를 다른 사람의 중개행위의 장소로 제공함으로써 발생한 거래당사자에 대한 재산상의 손해배상책임은 공제사업의 대상이 아니다. (×) 　　 2. 협회와 개업공인중개사 간에 체결된 공제계약이 유효하게 성립하려면 공제계약 당시에 공제사고의 발생 여부가 확정되어 있지 않은 것을 대상으로 해야 한다. (○) 판례 공제는 보증보험적 성격을 갖는다. 공인중개사협회가 운영하는 공제제도는 "보증보험"적 성격을 가진 제도라고 보아야 할 것이므로, 그 공제약관에 공제가입자인 개업공인중개사의 '고의'로 인한 사고의 경우까지 공제금을 지급하도록 규정되었다고 하여 이것이 공제제도의 본질에 어긋난다고 볼 수 없다(대판 94다47261). ② 협회가 공제사업을 하고자 할 때에는 공제규정을 정하여 '국토교통부장관'의 승인을 받아야 한다. 공제규정의 변경시에도 또한 같다.

공제규정	협회가 공제사업을 하려면 아래의 사항을 '공제규정'으로 정하여 '국토교통부장관'의 승인을 받아야 하며, 승인받은 공제규정대로 공제사업을 운영하여야 한다. 공제규정을 변경하고 할 때에도 국토교통부장관의 승인을 받아야 한다. ① 공제료(공제가입비): 사고 발생률과 보증보험료 등을 종합적으로 고려하여 결정한 금액으로 한다. ② 회계기준: '손해배상기금'과 '복지기금'으로 '구분'하여, 세부기준을 정한다. ③ '책임준비금'의 적립비율: '공제료 수입액'의 '100분의 10 이상'으로 '적립'하여야 한다. 기출 책임준비금의 적립비율은 공제사고 발생률 및 공제금 지급액 등을 종합적으로 고려하여 정하되, '협회 총수입액'의 100분의 10 이상으로 정한다. (×)
관 리	① 협회는 공제사업을 다른 회계와 구분하여 별도의 회계로 관리하여야 한다. ② '책임준비금'을 다른 용도로 사용할 경우 '국토교통부장관'의 승인을 받아야 한다.
재무 건전성 유지	① '지급여력비율'은 100분의 100 이상을 '유지'하여야 한다. '지급여력비율'은 지급여력금액을 지급여력기준금액으로 나눈 비율로 한다. ② 구상채권 등 보유자산의 건전성을 정기적으로 분류하고 대손충당금을 적립하여야 한다.
공 시	공제사업 운용실적을 매 회계연도 종료 후 '3개월' 이내에 일간신문 또는 협회보에 '공시하고', 협회 인터넷 홈페이지에 게시하여야 한다.
시정 명령	① '국토교통부장관'은 시정을 명할 수 있다(시정명령권). 　㉠ 국토교통부장관은 협회의 공제사업 운영이 적정하지 아니하거나, 자산상황이 불량하여 중개사고 피해자 및 공제 가입자 등의 권익을 해칠 우려가 있다고 인정하면 다음의 조치를 명할 수 있다. 　　ⓐ 업무집행방법의 '변경' 　　ⓑ 자산예탁기관의 '변경' 　　ⓒ 자산의 장부가격의 '변경' 　　ⓓ 불건전한 자산에 대한 '적립금'의 보유 　　ⓔ 가치가 없다고 인정되는 자산의 '손실' 처리 　　ⓕ 그 밖에 「공인중개사법」 및 공제규정을 준수하지 아니하여 공제사업의 건전성을 해할 우려가 있는 경우 이에 대한 "개선명령" <정지명령 ×, 처분명령 ×> 　㉡ 이러한 공제업무의 개선명령을 이행하지 아니한 경우에는 '국토교통부장관'이 '500만원 이하'의 과태료를 부과한다. ② '국토교통부장관'은 협회의 임원이 공제사업을 건전하게 운영하지 못할 우려가 있는 경우, 그 임원에 대한 징계·해임을 요구하거나, 해당 위반행위를 시정하도록 명할 수 있다. ③ 협회가 국토교통부장관의 임원에 대한 징계·해임의 요구를 이행하지 아니하거나, 시정명령을 이행하지 아니한 경우에는 '500만원 이하'의 과태료를 부과한다. ④ '금융감독원장'은 국토교통부장관의 '요청'시 협회 공제사업을 검사할 수 있다.

③ 협회의 공제운영위원회

필수기관	협회는 공제사업에 관한 사항을 '심의'하고 그 업무집행을 '감독'하기 위하여 협회에 '운영위원회를 둔다'.
구 성	① 공제운영위원회의 위원은 위원장 1명, 부위원장 1명을 '포함'하여 '19명 이내'로 한다. ② 공제운영위원회는 '성별'을 고려하여 구성한다. ③ 공제운영위원회에서, 협회의 내부인사(협회의 회장, 협회 이사회가 협회의 임원 중에서 선임하는 사람)에 해당하는 위원의 수는 전체 위원 수의 '3분의 1 미만'으로 한다. ④ 공제운영위원회에는 위원장과 부위원장 각각 1명을 두되, 위원장 및 부위원장은 위원 중에서 각각 '호선(互選)'한다. 위원장 업무 불가시에는 부위원장이 직무를 대행한다. ⑤ 임기는 2년(보궐시에는 전임자의 잔임기간), 연임은 1회에 한하여 가능하다.
의 결	공제운영위원회의 회의는 재적위원 '과반수'의 출석으로 개의(開議)하고, '출석위원' '과반수'의 찬성으로 심의사항을 의결한다(반수 이상 ×). (재적위원 과반수로 의결 ×)

Thema 26 보칙[보충규칙]

① 행정수수료 ─ 지방자치단체 '조례'에 따른 행정수수료 납부의무

(I) 행정수수료 납부사유(6가지)

다음의 경우에는 지방자치 조례가 정하는 바에 따라 행정수수료를 납부하여야 한다.

① 공인중개사 '시험'에 응시하고자 하는 자(시·도 조례: 예외 있음)

② 공인중개사 자격증의 '재교부'를 신청하는 자(시·도 조례)

③ '중개사무소' 개설등록을 신청하는 자(시·군·자치구 조례)

④ 중개사무소 등록증의 '재교부'를 신청하는 자(시·군·자치구 조례)

⑤ '분사무소' 설치의 신고를 하는 자(주된 사무소 소재지 관할 시·군·자치구 조례)

⑥ 분사무소설치신고확인서의 '재교부'를 신청하는 자(주된 사무소 소재지 관할 시·군·자치구 조례)

🔔 (자격증·등록증·신고확인서) 처음 교부시 ×, 거래정보사업자 지정신청 ×, 지정서 재교부신청 ×, 부동산 거래신고를 거짓신고 ×, 휴업신고 ×, 폐업신고 × … 등은 행정수수료 납부가 없다.

(2) 시험응시수수료

① **원칙**: 시·도지사가 시행 ─ 시·도 조례

② **예외**: 국토교통부장관이 시행 ─ 국토교통부장관이 결정

③ **시험위탁시행**: (위탁한 자의 승인을 얻어서) 위탁받은 자가 결정

② 포상금제도

신고대상	'등록관청'은 다음의 어느 하나에 해당하는 자를 '등록관청', '수사기관'이나 '부동산거래질서 교란행위 신고센터'에 신고 또는 고발한 자에 대하여 대통령령으로 정하는 바에 따라 포상금을 지급할 수 있다. 📍key 부·양·무·양·아광·특·특·특·광·광·시·카 ① 〈부〉 거짓이나 그 밖의 부정한 방법으로 중개사무소의 개설등록을 한 자 ② 〈양〉 중개사무소 등록증을 다른 사람에게 양도·대여하거나 다른 사람으로부터 양수·대여 받은 자 ③ 〈무〉 중개사무소의 개설등록을 하지 아니하고 중개업을 한 자 ④ 〈양〉 공인중개사 자격증을 다른 사람에게 양도·대여하거나 다른 사람으로부터 양수·대여 받은 자

⑤ 〈아·광〉개업공인중개사가 '아닌' 자로서 중개업을 하기 위하여 중개대상물에 대한 표시·'광고'를 한 자 (아닌 자가 사칭 ×, 유사명칭사용 ×)

⑥ 〈특·특·특·광·광〉법 제33조(금지행위) "제2항"을 위반하여 "누구든지" 시세에 부당한 영향을 줄 목적으로 개업공인중개사의 업무를 '방해'한 자 (누구든지 안내문 등을 이용하여 "특정"한 개업공인중개사에게 의뢰를 배제하기로 담합하거나, "특정"한 개업공인중개사에만 의뢰하도록 유도하거나, "특정"한 가격 이하로 의뢰하지 아니하기로 담합하거나, 개업공인중개사의 정당한 "광고"를 방해하거나, 개업공인중개사의 허위 "광고"를 유도하는 등 법 제33조 제2항 규정을 위반하여 개업공인중개사 등의 업무를 방해한 자)

⑦ 〈시〉법 제33조 제1항(금지행위)을 위반하여 개업공인중개사 등이 부당한 이익을 얻거나 제3자에게 부당한 이익을 얻게 할 목적으로 거짓으로 거래가 완료된 것처럼 꾸미는 등 중개대상물의 "시세"에 부당한 영향을 주거나 줄 우려가 있는 행위(시세조작)를 한 자

⑧ 〈카〉법 제33조 제1항(금지행위)을 위반하여 개업공인중개사 등이 "단체"를 구성하여 특정 중개대상물에 대하여 중개를 제한하거나, 단체 구성원 이외의 자와 공동중개를 제한하는 행위를 한 자

기출 1. 폐업 후 중개업을 한 자를 신고한 자는 포상금 지급대상이 된다. (○)

2. 거짓으로 중개사무소의 개설등록을 한 자를 신고한 자는 포상금 지급대상이 될 수 있다. (○)

금 액	① 포상금은 1건당 '50만원'으로 한다(50만원 이하 ×). **기출** 포상금은 1건당 30만원으로 한다. (×) ② 포상금의 지급에 소요되는 비용 중 국고에서 보조할 수 있는 비율은 100분의 50 이내로 한다(100분의 50으로 한다 ×). **기출** 포상금의 지급에 소요되는 비용은 전액 국고에서 보조될 수 있다. (×)
지급절차	① 포상금은 법 제46조 제1항 각 호의 어느 하나에 해당하는 자가 행정기관에 의하여 '발각되기 전'에 등록관청이나 수사기관이나 거래질서교란행위 신고센터에 신고 또는 고발한 자에게 그 신고 또는 고발사건에 대하여 '검사'가 '공소제기' 또는 '기소유예'의 결정을 한 경우에 한하여 지급한다(불기소처분 ×, 무혐의처분 ×). **♀key** 검사·공·기유 **기출** 1. 포상금은 신고 또는 고발사건에 대하여 검사가 공소제기를 한 경우에 '한하여' 지급한다. (×) 2. 포상금은 해당 신고사건에 대하여 검사가 '불기소처분'을 한 경우 지급한다. (×) ② 포상금은 지급의 결정을 한 후 '1개월 이내'에 '등록관청'이 지급하여야 한다. 포상금신청은 등록관청에 하여야 한다(수사기관 ×). ③ 하나 사건에 '2건' 이상의 신고·고발이 접수된 경우 '최초'로 신고·고발한 자에게 포상금을 지급하여야 한다. **기출** 등록관청은 포상대상에 해당하는 자가 행정기관에 의하여 발각되기 전에 등록관청이나 수사기관에 신고 또는 고발한 자 '모두'에게 포상금을 지급한다. (×) ④ 하나 사건에 '2인' 이상이 공동으로 신고·고발한 경우 원칙은 균등 배분하여 지급한다 (예외: 미리 배분의 방법을 합의하여 신청한 경우에는 합의된 방식에 따라 지급한다).

③ 부동산거래질서교란행위 신고센터

(1) '국토교통부장관'은 부동산거래질서교란행위 신고센터를 설치·운영할 수 있다. 현재는 '한국부동산원'에 위탁하고 있다.

> 법 제47조의2(부동산거래질서교란행위) ② 누구든지 부동산중개업 및 부동산 시장의 건전한 거래질서를 해치는 다음 각 호의 어느 하나에 해당하는 행위(이하 이 조에서 "부동산거래질서교란행위"라 한다)를 '발견'하는 경우 그 사실을 신고센터에 '신고'할 수 있다.
> 1. 제7조부터 제9조까지[주; 제7조(자격증 양도·대여, 양수·대수, 알선), 제8조(공인중개사 아닌 자의 사칭), 제9조(중개업 등록)], 제18조의4(주; 중개보조원의 고지의무) 또는 제33조 제2항(주; 누구든지 금지행위; 특·특·특·광·광)을 위반하는 행위
> 2. 제48조 제2호(주; 거짓, 부정 등록)에 해당하는 행위
> 3. 개업공인중개사가 제12조 제1항(주; 이중등록금지), 제13조 제1항(주; 이중사무소 설치금지)·제2항(주; 임시시설물설치금지), 제14조 제1항(주; 법인인 개업공인중개사의 겸업제한(중·관·상·기·분·경), 제15조 제3항(주; 중개보조원의 고용숫자제한), 제17조(등록증 등의 게시의무), 제18조(주; 개업공인중개사의 명칭, 광고 성명표기, 간판철거명령), 제19조(주; 등록증 양도·대여·양수·대수·알선), 제25조 제1항(주; 중개대상물 확인·설명의무), 제25조의3(주; 주택의 일부임대차 중개시의 설명의무) 또는 제26조 제3항(주; 이중계약서·거짓계약서 작성금지)을 위반하는 행위
> 4. 개업공인중개사 등이 제12조 제2항(주; 이중소속금지), 제29조 제2항(주; 업무상 비밀준수의무) 또는 제33조 제1항(주; 개업공인중개사 등의 금지행위)을 위반하는 행위
> 5. 「부동산 거래신고 등에 관한 법률」제3조(주; 부동산거래신고의무), 제3조의2(주; 부동산거래해제신고의무) 또는 제4조(주; 신고법상의 금지행위)를 위반하는 행위

〈정리〉 거래질서교란행위 해당 여부
1. 법 제33조 금지행위는 모두 거래질서교란행위에 해당된다.
2. 이중등록, 이중소속, 이중사무소, 이중계약서는 모두 거래질서교란행위에 해당된다.
3. 등록증 양도·대여, 자격증 양도·대여는 모두 거래질서교란행위에 해당된다.
4. 품위유지, 공정중개의무는 거래질서교란행위가 아니다(비밀준수위반은 해당됨).
5. 일반중개계약, 전속중개계약 관련행위는 거래질서교란행위가 아니다.
6. 업무보증설정 관련행위는 거래질서교란행위가 아니다.

(2) **신고센터는 다음의 업무를 수행한다.**
① 부동산거래질서교란행위 신고의 접수 및 상담
② 신고사항에 대한 확인 또는 시·도지사 및 등록관청 등에 신고사항에 대한 조사 및 조치 요구
③ 신고인에 대한 신고사항 처리결과 통보

주의

거래질서교란행위 신고센터

영 제37조【부동산거래질서교란행위 신고센터의 설치·운영】① 법 제47조의2 제1항에 따른 부동산거래질서교란행위 신고센터(이하 "신고센터"라 한다)에 같은 항에 따른 부동산거래질서교란행위(이하 "부동산거래질서교란행위"라 한다)를 신고하려는 자는 다음 각 호의 사항을 '서면'(전자문서를 포함한다)으로 '제출'해야 한다.

1. 신고인 및 피신고인의 '인적사항'

2. 부동산거래질서교란행위의 '발생일시·장소 및 그 내용'

3. 신고 내용을 증명할 수 있는 '증거자료' 또는 '참고인의 인적사항'

4. 그 밖에 신고 처리에 필요한 사항

② '신고센터'는 제1항에 따라 신고 받은 사항에 대해 보완이 필요한 경우 기간을 정하여 신고인에게 보완을 요청할 수 있다.

③ '신고센터'는 제1항에 따라 제출받은 신고사항에 대해 '시·도지사 및 등록관청' 등에 '조사 및 조치를 요구해야 한다'. 다만, 다음 각 호의 어느 하나에 해당하는 경우에는 국토교통부장관의 승인을 받아 접수된 신고사항의 처리를 종결할 수 있다.

1. 신고내용이 명백히 거짓인 경우

2. 신고인이 제2항에 따른 보완을 하지 않은 경우

3. 제5항에 따라 신고사항의 처리결과를 통보받은 사항에 대하여 정당한 사유 없이 다시 신고한 경우로서 새로운 사실이나 증거자료가 없는 경우

4. 신고내용이 이미 수사기관에서 수사 중이거나 재판이 계속 중이거나 법원의 판결에 의해 확정된 경우

④ 제3항 본문에 따른 요구를 받은 '시·도지사 및 등록관청' 등은 신속하게 조사 및 조치를 완료하고, 완료한 날부터 '10일' 이내에 그 결과를 '신고센터'에 통보해야 한다.

⑤ '신고센터'는 제4항에 따라 시·도지사 및 등록관청 등으로부터 처리 결과를 통보받은 경우 '신고인'에게 신고사항 처리 결과를 통보해야 한다.

⑥ 신고센터는 '매월 10일'까지 직전 달의 신고사항 접수 및 처리 결과 등을 국토교통부장관에게 제출해야 한다.

Thema 27 · 행정처분, 과태료, 형벌

행정처분	지정취소	자격취소	자격정지	등록취소	업무정지
처분권자	국토교통부 장관	교부한 시·도지사	교부한 시·도지사	등록관청	등록관청
처분대상자	거래정보사업자	공인중개사	소속공인중개사	개업공인중개사	개업공인중개사
기속 / 재량	할 수 있다.	'해야' 한다.	할 수 있다.	절대적 등록취소 ('해야' 한다), 상대적 등록취소 (할 수 있다)	할 수 있다.
사전절차	'청문'	'청문'	없음	'청문'	없음
사후절차	없음	'5일' 이내 국토 교통부장관에게 보고하고, 다른 시·도지사에게 통지	없음	없음	없음
반 납	없음	'7일' 이내 자격 증 반납(분실시 '사유서' 제출)	없음	'7일' 이내 등록증 반납	없음
제척기간	없음	없음	없음	없음	사유 발생일로부 터 '3년'이 지나 면 업무정지 처 분 불가

1 행정처분의 내용

<table>
<tr>
<td rowspan="1">공인
중개사와
소속공인
중개사를
대상</td>
<td>

① 자격취소처분 및 자격정지처분의 기본구조

　㉠ 공인중개사 자격증을 '교부'한 '시·도지사'가 자격취소처분이나 자격정지처분의 권한이 있다.

　㉡ 자격증을 '교부'한 시·도지사와 중개사무소의 소재지를 관할하는 시·도지사가 서로 '다른' 경우: '사전절차(자격취소처분의 사전절차는 '청문', 자격정지처분의 사전절차는 확인)'는 '사무소' 관할 시·도지사가 하고, '행정처분'은 자격증을 '교부'한 시·도지사가 하여야 한다.

　　⇨ 중개사무소의 소재지를 관할하는 시·도지사가 자격취소처분(청문절차) 또는 자격정지처분에 필요한 '절차'(의견진술 등 확인절차)를 모두 이행한 후, 자격증을 교부한 시·도지사에게 통보를 하여야 한다.

　　⇨ 이를 통보받은 자격증 '교부'한 시·도지사가 자격취소사유에 대한 자격취소'처분'을 하여야 하고, 자격정지처분 사유에 대한 자격정지처분도 할 수 있다(이러한 구조는 자격취소처분이나 자격정지처분이 동일하다). <청문은 현지에서, 처분은 교부한 자가 권한자>

　㉢ 공인중개사 '자격'을 '취소'한 시·도지사는 이를 "5일" 이내에 국토교통부장관에게 보고하고, 다른 시·도지사에게 통지하여야 한다. <자격정지에는 해당 ×>

　㉣ 자격이 취소되면, "7일" 이내에 자격증을 교부한 시·도지사에게 자격증을 '반납'하여야 한다. 자격증 분실시에는 자격증 반납대신에 사유서를 제출하여야 한다(위반시 100만원 이하의 과태료처분대상이 된다). ♀key 반납7

　㉤ 시·도지사는 자격을 '취소'하기 전에 원칙적으로 '청문'의 절차를 거쳐야 한다.

　㉥ 소속공인중개사에 대한 자격'정지'처분의 경우에는 청문의 절차를 거치지 아니하며, 자격증 반납이나 사후 보고나 통지의 절차가 적용되지 아니한다.

② '자격취소'사유 ♀key 부·양·자·징역/금고

다음의 어느 하나에 해당하면, 자격증을 교부한 시·도지사는 '자격취소'처분을 '하여야' 한다(기속행위).

　㉠ 〈부〉 '부정'한 방법으로 공인중개사의 자격을 취득한 경우

　㉡ 〈양〉 (법 제7조 제1항의 규정을 위반하여) 다른 사람에게 자기의 성명을 사용하여 중개업무를 하게 하거나, 공인중개사 자격증을 '양도' 또는 대여한 경우

　㉢ 〈자〉 (법 제36조에 따른) 자격정지처분을 받고 그 '자격정지기간 중'에 중개업무를 행한 경우(다른 개업공인중개사의 소속공인중개사·중개보조원 또는 법인인 개업공인중개사의 사원·임원이 되는 경우를 포함한다. 즉, '자격정지기간 중'의 이중소속을 포함한다)

　㉣ 〈징역/금고〉

　　ⓐ 이 법(공인중개사법)을 위반하여 징역형(금고이상)의 선고(집행유예 포함)를 받은 경우

</td>
</tr>
</table>

ⓑ 공인중개사의 직무와 관련하여 형법을 위반하여, [형법 제114조('범죄단체' 등의 조직), 제231조('사문서' 등의 위조·변조), 제234조(위조 사문서 등의 행사), 제347조('사기'), 제355조('횡령', '배임'), 제356조(업무상 '횡령'과 '배임')를 위반하여] "금고" 이상(사형, 징역, 금고)의 형(집행유예를 포함한다)을 선고받은 경우

🔑 key 중개법위반 중－징－자, 중－징－집－자취, 형법위반－범,사,사,횡,배－자취

③ '자격정지' 처분의 사유(부과기준) 🔑 key 금·니·둘..6개월/서·서·확..3개월

소속공인중개사가 다음의 어느 하나에 해당하는 행위를 한 경우에는, 자격증을 교부한 '시·도지사'는 '6개월'의 범위 내에서 '자격정지' '할 수 있다(재량행위).' (해야 한다 ×)

위반행위 🔑 key 금·니·둘·서·서·확·인	부과기준 (국토부령)
㉠ 〈금〉 소속공인중개사가 법 제33조 제1항의 '금지행위'를 한 경우	6개월
㉡ 〈니〉 소속공인중개사가 '둘 이상'의 중개사무소에 소속된 경우	6개월
㉢ 〈둘〉 업무를 담당한 소속공인중개사가 거래계약서에 거래금액 등 거래내용을 거짓으로 기재하거나, 서로 다른 '둘 이상'의 거래계약서를 작성한 경우	6개월
㉣ 〈서〉 업무를 담당한 소속공인중개사가 거래계약서에 '서명' 및 날인을 하지 아니한 경우	3개월
㉤ 〈서〉 업무를 담당한 소속공인중개사가 중개대상물 확인·설명서에 '서명' 및 날인을 하지 아니한 경우	3개월
㉥ 〈확〉 업무를 담당한 소속공인중개사가 성실·정확하게 중개대상물의 '확인·설명'을 하지 아니하거나, 설명의 근거자료를 제시하지 아니한 경우	3개월
㉦ 〈인〉 소속공인중개사가 인장등록을 하지 아니하거나, 등록하지 아니한 인장을 사용한 경우	3개월

🔔 시·도지사는 위반행위의 동기·결과 및 횟수 등을 참작하여 자격정지 기준의 '2분의 1의 범위' 안에서 가중 또는 경감할 수 있다. 이 경우 가중하여 처분하는 때에도 자격정지기간은 6개월을 초과할 수 '없다'.

개업공인 중개사를 대상

① 절대적 등록취소 🔑 key 절대적, 결·이...허·사...이·양·업..하나둘..보초나서

'개업공인중개사'가 다음의 어느 하나에 해당하는 행위를 한 경우에 '등록관청'은 등록을 취소'하여야' 한다(기속행위). (할 수 있다 ×)

㉠ 〈결〉 중개업 등록의 '결격사유'가 발생된 경우(예외 있음)

㉡ 〈이〉 '이중등록'을 한 경우

㉢ 〈허〉 '허위'·부정한 방법으로 등록을 한 경우(허위부정등록)

㉣ 〈사〉 개인이 '사망' 또는 법인이 해산한 경우

㉤ 〈이〉 개업공인중개사가 '이중소속'을 한 경우

㉥ 〈양〉 등록증을 다른 사람에게 '양도' 또는 '대여'를 한 경우

   Ⓥ 〈업〉 '업무정지기간 중'에 중개업무를 수행하거나, 자격 '정지 중'인 소속공인중개사로 하여금 중개업무를 수행하게 한 경우

   Ⓦ 〈1-2〉 최근 '1년' 이내에 '2회' 이상의 '업무정지'처분을 받고, 다시 '업무정지'처분의 사유가 발생한 경우 〈삼진아웃제도〉

   Ⓧ 〈보초〉 개업공인중개사가 고용할 수 있는 중개 '보조원'의 법정 한도의 숫자를 '초과'하여 고용한 경우(개업공인중개사와 소속공인중개사를 합한 수의 5배를 초과하여 중개보조원을 고용한 경우) (보조원 초과고용)

 ② 상대적 등록취소

  ♀key 상대방=전·육·손·(미칠)..미·금·다방..따운..겸업..일삼(1-3)·똑똑

  '개업공인중개사'가 다음의 어느 하나에 해당하는 행위를 한 경우에 '등록관청'은 등록을 취소'할 수' 있다(재량행위).

  ㅇ 〈전〉 전속중개계약을 체결한 개업공인중개사가 '정보공개의무'를 위반한 경우(정보공개를 7일 이내에 하지 아니하거나, 의뢰인의 비공개 요청시에 공개를 한 경우)

  ㅈ 〈육〉 부득이한 사유도 없이 '6개월' 초과하는 '무단 휴업'을 한 경우

  ㅉ 〈손〉 ('손해배상'책임을 위한) '업무보증'을 설정하지 아니하고 중개업무를 수행한 경우

  ㅊ 〈미〉 등록기준에 '미달'한 경우

  ㅋ 〈금〉 개업공인중개사가 법 제33조 제1항의 '금지행위'를 한 경우

  ㅌ 〈다방〉 이중사무소(임시시설물 포함)설치금지의무를 위반한 경우 〈떳다방〉

  ㅍ 〈다운〉 거짓계약서 및 이중계약서(다운계약서 등)를 작성한 경우 〈따운계약서〉

  ㅎ 〈겸업〉 법인인 개업공인중개사가 '겸업(법 제14조)'범위를 위반한 경우

  ㅏ 〈1-3〉 최근 '1년' 이내에 '3회' 이상 '업무정지 또는 과태료'를 받고, 다시 '업무정지 또는 과태료' 사유가 발생한 경우(절대적 등록취소사유는 제외)

  ㅐ 〈독·독〉 '독점규제법' 위반으로 '공정거래위원회'로부터 최근 '2년' 이내에 '2회' 이상 과징금이나 시정조치를 받은 경우

 ③ 업무정지(6개월의 범위 내)

  개업공인중개사가 다음 어느 하나의 행위를 한 경우에 '등록관청'은 '6개월의 범위 내'에서 업무정지처분을 '할 수' 있다(재량행위).

  ♀key 고·거·임·과...6개월/인장, 종이쪼가리...3개월

위반행위	부과기준 (국토부령)
ㅇ 〈고〉 결격사유에 해당하는 자를 소속공인중개사 또는 중개보조원으로 둔 경우(다만, 그 사유가 발생한 날부터 2개월 이내에 그 사유를 해소한 경우에는 제외) (즉, '고용' 위반)	6개월
ㅈ 〈거〉 '거래정보망'에 중개대상물에 관한 정보를 '거짓'으로 공개한 경우 (허위정보제공)	6개월
ㅉ 〈임〉 법 제38조 제2항(상대적, '임의적' 등록취소사유) 각 호의 어느 하나를 최근 1년 이내에 1회 위반한 경우	6개월

② 〈과〉 최근 1년 이내에 「공인중개사법」에 의하여 2회 이상 '업무정지 또는 과태료'의 처분을 받고 다시 "과태료"의 처분에 해당하는 행위를 한 경우	6개월
⑩ 〈인장〉 인장등록을 하지 아니하거나 등록하지 아니한 인장을 사용한 경우	3개월
⑪ 〈종이〉 국토교통부령으로 정하는 '전속중개계약서'에 의하지 아니하고 전속중개계약을 체결하거나 계약서를 보존하지 아니한 경우	3개월
⑫ 〈종이〉 중개대상물 '확인·설명서'를 작성·교부하지 아니하거나 보존하지 아니한 경우(공인전자문서센터 보관시는 제외)	3개월
⑬ 〈종이〉 중개대상물 '확인·설명서'에 서명 및 날인을 하지 아니한 경우	3개월
⑭ 〈종이〉 '거래계약서'를 작성·교부하지 아니하거나, 보존하지 아니한 경우(공인전자문서센터 보관시는 제외)	3개월
⑮ 〈종이〉 '거래계약서'에 서명 및 날인을 하지 아니한 경우	3개월
⑯ 〈종이〉 '자료의 제출', 조사 또는 검사를 거부·방해 또는 기피하거나 그 밖의 명령을 이행하지 아니하거나 거짓으로 보고 또는 자료제출을 한 경우	3개월
⑰ 거래정보사업자에게 공개를 의뢰한 중개대상물의 거래가 완성된 사실을 그 거래정보사업자에게 통보하지 아니한 경우	3개월
⑱ 부칙상 개업공인중개사)가 제한된 업무지역의 범위(사무소가 소재하는 특·광·도 관할)를 위반하여 중개행위를 한 경우	3개월
⑲ 「독점규제 및 공정거래에 관한 법률」 제51조를 위반하여 같은 법 제52조 또는 제53조에 따른 처분을 받은 경우 (부과기준은 생략)	
㉑ 〈기타〉 그 밖에 「공인중개사법」 또는 「공인중개사법」에 의한 '명령'이나 처분에 위반한 경우로서 위의 각 호에 해당되지 아니하는 경우 (즉, 법상의 명령 위반)	1개월

🔔 등록관청은 위반행위의 동기·결과 및 횟수 등을 참작하여 업무정지 기준의 '2분의 1'의 범위 안에서 가중 또는 경감할 수 있다. 이 경우 가중하여 처분하는 때에도 업무정지기간은 '6개월'을 초과할 수 없다.

주의

1. 일반기준

　가. 제2호 카목 및 타목에서 기간의 계산은 위반행위에 대하여 업무정지처분 또는 과태료 부과처분을 받은 날과 그 처분 후 다시 같은 위반행위를 하여 적발된 날을 기준으로 한다.

　나. 위반행위가 둘 이상인 경우에는 각 업무정지기간을 합산한 기간을 넘지 않는 범위에서 가장 무거운 처분기준의 2분의 1의 범위에서 가중한다. 다만, 가중하는 경우에도 총 업무정지기간은 6개월을 넘을 수 없다.

　다. 등록관청은 다음의 어느 하나에 해당하는 경우에는 제2호의 개별기준에 따른 업무정지기간의 2분의 1 범위에서 줄일 수 있다.

　　1) 위반행위가 사소한 부주의나 오류 등 과실로 인한 것으로 인정되는 경우

　　2) 위반행위자가 법 위반행위를 시정하거나 해소하기 위하여 노력한 사실이 인정되는 경우

　　3) 그 밖에 위반행위의 동기와 결과, 위반정도 등을 고려하여 업무정지기간을 줄일 필요가 있다고 인정되는 경우

　라. 등록관청은 다음의 어느 하나에 해당하는 경우에는 제2호의 개별기준에 따라 업무정지기간의 2분의 1 범위에서 그 기간을 늘릴 수 있다. 다만, 법 제39조 제1항에 따라 6개월을 넘을 수 없다.

　　1) 위반행위의 내용·정도가 중대하여 소비자 등에게 미치는 피해가 크다고 인정되는 경우

　　2) 그 밖에 위반행위의 동기와 결과, 위반정도 등을 고려하여 업무정지기간을 늘릴 필요가 있다고 인정되는 경우

　마. 나목부터 라목까지에 따라 업무정지기간을 늘리거나 줄이는 경우 업무정지기간 1개월은 30일로 본다.

④ 업무정지처분의 제척기간 : 업무정지는 해당 '사유'가 '발생'한 날부터 '3년'이 경과한 때에는 등록관청은 '업무'정지처분을 할 수 '없다'(이것은 오로지 업무정지에만 있는 제도이다). ♀key 사·발·삼...업·지

기출 등록관청이 업무정지처분을 하는 경우 그에 해당하는 사유가 발생한 날부터 '1년'이 경과한 때에는 업무정지처분을 할 수 없다. (×)

개업공인중개사의 지위 승계

① 원칙 : 폐업신고 후 재등록을 한 때에는 폐업신고 전의 개업공인중개사의 지위를 승계한다(법인의 대표자 포함). 그러므로 폐업 '전'의 위반사유로 '재등록관청'에서 행정처분을 할 수 '있다'.

② 예 외

　㉠ 폐업기간이 '3년'을 초과한 경우에는 폐업 전의 사유로 '등록취소'할 수 '없다'.

　㉡ 폐업기간이 '1년'을 초과한 경우에는 폐업 전의 사유로 '업무정지'처분을 할 수 '없다'.

③ 폐업신고 전의 업무정지나 과태료처분의 효과는 그 '처분일'부터 '1년간' 재등록업자 승계된다.

② 과태료

주체		과태료	한도
국토 교통부 장관	거래정보 사업자	① 〈운〉 '운영규정' 제정 및 변경승인을 받지 아니한 경우, 운영규정 위반한 경우 ② 〈명〉 지도·감독상 '명령' 위반한 경우	500만원 이하
	정보통신 서비스 제공자	① 〈자〉 국토교통부장관의 모니터링을 위한 '자료제출'요구에 불응한 경우 ② 〈조〉 국토교통부장관의 필요한 '조치'에 불응한 경우	500만원 이하
	협회	① 〈공〉 '공제사업' 운영실적을 공시하지 아니한 경우 ② 〈개〉 공제업무 '개선명령'을 이행하지 아니한 경우 ③ 〈지〉 '지도·감독'상 명령 위반한 경우 ④ 〈징〉 임원에 대한 '징계·해임요구', 시정명령에 따르지 아니한 경우	500만원 이하
시· 도지사	연수교육	〈연〉 연수교육대상자가 연수교육을 수료하지 아니한 경우	500만원 이하
	공인중개사	〈자〉 자격취소 후 자격증(분실시 사유서) 미반납한 경우	100만원 이하
등록관청 (시·군 ·구청장)	개업공인 중개사	① 〈확인〉 중개대상물 '확인·설명의무'를 위반한 경우(근거자료 제시하지 아니한 경우 등) ② 〈과장〉 중개대상물에 대한 허위광고, '과장광고', 거래질서를 침해하는 등의 광고행위를 한 경우 ③ 〈보신〉 중개 '보조원'이 현장안내 등의 업무보조시 중개보조원의 '신분'을 '고지'하지 아니한 경우(중개보조원도 500만원 이하의 과태료대상이 되고, 개업공인중개사도 500만원 이하의 과태료대상이 된다. 다만, 그 위반행위 방지를 위한 상당한 주의와 감독을 게을리 하지 않은 경우에는 개업공인중개사는 면책된다)	500만원 이하
		① 〈휴〉 휴업·폐업·재개·휴업기간변경 신고의무를 위반한 경우 ② 〈게〉 중개사무소 등록증 등(등·자·보·수) 게시의무를 위반한 경우 ③ 〈소·이〉 중개사무소 이전신고(10일 이내) 의무를 위반한 경우 ④ 〈간판, 광고〉 옥외광고물(간판)이나, 중개대상물 광고물에 '성명'을 표기하지 아니한 경우, 또는 중개보조원의 성명을 표기한 경우 ⑤ 〈명칭〉 개업공인중개사의 중개사무소 명칭 규정(공인중개사 사무소, 부동산중개)을 위반한 경우, 부칙상 개업공인중개사가 '공인중개사 사무소' 명칭을 사용한 경우 ⑥ 〈등〉 중개업 등록취소 후 '등록증 반납'(7일 이내)하지 아니한 경우 ⑦ 〈보〉 중개의뢰인에게 업무 '보증'을 설명(보장기간, 보장금액, 보증기관 및 그 소재지)하지 아니한 경우, 또는 업무 '보증증서' 사본을 교부하지 아니한 경우	100만원 이하

주의

공인중개사법령상의 과태료와 부동산 거래신고법령상의 과태료

1. 거래정보사업자나 정보통신서비스 제공자 및 협회에 대한 과태료는 '국토교통부장관'이 부과하고, 자격취소 된 공인중개사에 대한 과태료나 연수교육 수료의무 위반자에 대한 과태료는 '(특·광) 시·도지사'가 부과하며, 개업공인중개사의 휴업신고 등의 위반에 대하여는 '등록관청'이, 부동산 거래신고의무 위반자에 대한 과태료는 '신고관청(물건이 소재하는 시·군·구청장)'이 대통령령으로 정하는 바에 따라 '각각' 부과·징수한다.

2. 부동산 거래신고 위반과 관련하여 '신고관청'(부동산 물건이 소재하는 시·군·구청장)이 개업공인중개사에게 과태료를 부과하는 경우에는 부과일부터 '10일 이내'에 중개사무소(법인의 경우에는 주된 사무소)를 관할하는 '등록관청'에 과태료 부과사실을 통보하여야 한다.

③ 행정형벌(징역 또는 벌금)

(1) 3년 이하의 징역 또는 3천만원 이하의 벌금

다음의 사유 중 어느 하나에 해당하는 자는 3년 이하의 징역 또는 3천만원 이하의 벌금에 처한다(법 제48조). 🔑 key 증·직·쌍·투·시·카·특·특·특·광·광..부·무

종 류		사 유
3년 또는 3천 이하	금지행위 (법 제33조 제1항)	〈증〉 (거래금지 증서 매매업·중개) 개업공인중개사 등이 관련 법령에 따라 거래가 금지된 부동산의 분양·임대 등과 관련되는 '증서(청약통장 등)' 등의 매매업·중개를 하는 경우
		〈직〉〈쌍〉 (직접 거래·쌍방대리) 개업공인중개사 등이 중개의뢰인과 '직접 거래'를 하거나 거래당사자 쌍방을 대리하는 경우
		〈투〉 (투기 조장) 개업공인중개사 등이 각종 부동산 '투기를 조장'하는 행위를 하는 경우
		〈시〉 (시세 조작) 개업공인중개사 등이 부당한 이익을 얻거나 제3자에게 부당한 이익을 얻게 할 목적으로 거짓으로 거래가 완료된 것처럼 꾸미는 등 중개대상물의 '시세'에 부당한 영향을 주거나 줄 우려가 있는 행위(법 제33조 제1항 제8호)
		〈카〉 (불법 카르텔 형성) 개업공인중개사 등이 '단체'를 구성하여 특정 중개대상물에 대하여 중개를 제한하거나, 단체 구성원 이외의 자와 공동중개를 제한하는 행위(법 제33조 제1항 제9호)

금지행위 (법 제33조 제2항)	〈특〉(특정 개업공인중개사를 배제) 누구든지 안내문, 온라인 커뮤니티 등을 이용하여 '특정 개업공인중개사' 등에 대한 중개의뢰를 제한하거나 제한을 유도하는 행위
	〈특〉(특정 개업공인중개사에게 몰아주기) 누구든지 안내문, 온라인 커뮤니티 등을 이용하여 중개대상물에 대하여 시세보다 현저하게 높게 표시·광고 또는 중개하는 '특정 개업공인중개사' 등에게만 중개의뢰를 하도록 유도함으로써, 다른 개업공인중개사 등을 부당하게 차별하는 행위
	〈특〉(특정 가격담합) 누구든지 안내문, 온라인 커뮤니티 등을 이용하여 '특정 가격' 이하로 중개를 의뢰하지 아니하도록 유도하는 행위
	〈광〉(광고 방해) 누구든지 정당한 사유 없이 개업공인중개사 등의 중개대상물에 대한 정당한 표시·'광고'행위를 방해하는 행위
	〈광〉(허위광고 유도) 누구든지 개업공인중개사 등에게 중개대상물을 시세보다 현저하게 높게 표시·'광고'하도록 강요하거나 대가를 약속하고 시세보다 현저하게 높게 표시·'광고'하도록 유도하는 행위
〈부〉(부정등록) 부정한 방법으로 중개사무소 개설등록을 한 경우('허위', 부정등록자)(+절대적 등록취소)	
〈무〉(무등록 중개업) '무등록'으로 부동산중개업을 하는 경우(무등록 중개업자)	

(2) 1년 이하의 징역 또는 1천만원 이하의 벌금

다음의 사유 중 어느 하나에 해당하는 자는 1년 이하의 징역 또는 1천만원 이하의 벌금에 처한다(법 제49조 제1항). 🔑key 이·양·이....비·정·유...거·금·매·친....보초

종 류		사 유
1년 또는 1천 이하	–	① 〈이〉(이중등록) '이중'등록을 한 경우(+ 절대적 등록취소) ② 〈이〉(이중소속) '이중'소속을 한 경우(개업공인중개사는 절대적 등록취소, 소속공인중개사는 자격정지)
		③ 〈양〉(자격증 양도·대여·알선) (다른 사람에게 자기의 성명을 사용하여 중개업무를 하게 하거나) 공인중개사자격증을 '양도·대여'한 자(+ 자격취소) 또는 다른 사람의 자격증을 양수·대여 받은 자, 또는 이를 '알선'한 자 ④ 〈양〉(등록증 양도·대여·알선) (다른 사람에게 자기의 성명이나 상호를 사용하여 중개업무를 하게 하거나) 중개사무소등록증을 '양도·대여'한 자(+ 절대적 등록취소) 또는 등록증을 '양수·대여 받은'자, 또는 이를 '알선'한 자
		⑤ 〈이〉(이중사무소) 개업공인중개사가 '이중' 사무소를 설치한 경우(+ 상대적 등록취소) ⑥ 〈이〉(임시시설물) 개업공인중개사가 '임시시설물'을 설치한 경우(+ 상대적 등록취소)

	⑦ 〈비〉(비밀누설) 개업공인중개사 등이 업무상 알게 된 의뢰인의 '비밀'을 누설한 경우	
	⑧ 〈정〉(거래정보사업자의 허위정보공개) 거래'정보'사업자가 개업공인중개사로부터 의뢰받은 '정보'와 다르게 공개하거나 차별적으로 공개한 경우(+ 지정취소사유)	
	⑨ 〈유〉(유사명칭) 공인중개사 '아닌 자'가 공인중개사 또는 '유사명칭'을 사용한 경우	
	⑩ 〈유〉(유사명칭) 개업공인중개사 '아닌 자'가 '공인중개사사무소', '부동산중개' 또는 이와 '유사'한 명칭을 사용한 경우	
	⑪ 〈유〉(아, 광) 개업공인중개사가 '아닌 자'가 중개업을 하기 위하여 중개대상물에 대한 표시·'광고'를 한 경우	
금지 행위 (법 제33조 제1항)	⑫ 〈거〉(거짓행위) 개업공인중개사 등이 '거짓행위'를 한 경우(거래상의 중요사항에 대한 거짓된 언행 기타 방법으로 의뢰인의 판단을 그르치게 하는 경우)(+ 상대적 등록취소/자격정지)	
	⑬ 〈금〉(초과금품수수) 개업공인중개사 등이 법정한도를 초과하여 중개보수를 받은 경우(초과 '금품'수수)(+ 상대적 등록취소/자격정지)	
	⑭ 〈매〉(매매업) 개업공인중개사 등이 '중개대상물'에 대한 '매매를 업'으로 하는 경우(매매업)(+ 상대적 등록취소/자격정지)	
	⑮ 〈친〉(친구·협력행위) 개업공인중개사 등이 무등록으로 중개업을 하는 자임을 알면서 의뢰를 받거나 그에게 자신의 명의를 이용케 하는 행위를 한 경우(무등록중개업자와 협력행위)(+ 상대적 등록취소/자격정지)	
	⑯ 〈보초〉(보조원 초과고용) 개업공인중개사가 고용할 수 있는 중개 '보조원'의 법정숫자인 개업공인중개사와 소속공인중개사를 합한 수의 5배를 '초과'하여 중개보조원을 '고용'한 경우(+ 절대적 등록취소)	

(3) 양벌규정

① **법 제50조**: 고용인이 3년 이하의 징역 또는 3천만원 이하의 벌금(법 제48조), 또는 1년 이하의 징역 또는 1천만원 이하의 벌금(법 제49조)사유에 해당하는 위반행위를 한 때에는 그 행위자를 벌하는 외에 그를 고용한 개업공인중개사에 대하여도 해당 조(條)에 규정된 '벌금형'을 과한다.

② **면책규정**: 단, 개업공인중개사가 그 위반행위를 방지하기 위하여 상당한 주의와 감독을 게을리 하지 아니한 경우에는 벌금형이 '면제'된다(법 제50조 단서).

부동산거래신고제도

〈부동산거래신고제도의 개관〉

① 토지공급계약, 건물공급계약, 토지분양권매매계약, 건물분양권매매계약, 재건축·재개발 입주권 매매계약, 현존하는 토지매매계약, 현존하는 건물의 매매계약을 체결한 경우 매매계약 체결일로부터 30일 이내에 해당 물건이 소재하는 시·군·구청장(신고관청)에게 실제 거래된 가격(실거래가)으로 부동산거래신고를 하여야 한다.

② 거래당사자가 직거래를 한 경우에는 거래당사자가 공동으로 신고를 하여야 하고(일방이 거부 시 다른 일방이 신고), 거래당사자 중의 일방 또는 쌍방이 국가 등인 경우에는 국가 등이 신고 하여야 한다. 그럼에도 불구하고 개업공인중개사가 중개를 한 경우에는 개업공인중개사가 신고를 하여야 한다.

③ 부동산거래신고를 30일 이내에 하지 않은 경우에는 500만원 이하의 과태료처분의 대상이 되며, 가격을 실제 거래가격으로 신고하지 아니하고 거짓된 가격 등으로 신고를 한 경우에는 취득가액의 10% 이하의 과태료에 처해진다.

④ 부동산거래신고의 방법은 신고관청(부동산 소재 시·군·구청장)에 방문하여 신고하는 방문 신고의 방법과 전자문서에 의한 인터넷신고가 있다. 전자문서에 의한 신고는 대리신고를 할 수 없다.

⑤ 부동산거래신고를 받은 신고관청은 신고의 내용이 하자가 있다고 판단되면, 신고서의 보완명령 등 필요한 조치를 할 수 있으며, 별다른 하자가 없다고 판단되면, 신고필증을 지체 없이 교부하게 된다.

① 부동산 거래신고대상

신고 대상물	① (현존하는) '부동산'의 매매계약(즉, 토지매매계약, 건물 매매계약 등) ② 공급받는 자로 선정된 '지위[분양권·(재)입주권]'의 매매계약(전매계약) 　　㉠ '부동산 공급계약'을 통하여 부동산을 공급받는 자로 '선정된' 지위(즉, 토지 분양권·주택 분양권 등 분양권 매매계약) 　　㉡ 「도시 및 주거환경정비법」 제74조에 따른 관리처분계획의 인가 및 「빈집 및 소규모 주택 정비에 관한 특례법」 제29조에 따른 사업시행계획 인가로 취득한 입주자로 '선정된' 지위(즉, 재건축·재개발 입주권의 매매계약) ③ '부동산에 대한 공급계약'[즉, 「도시개발법」·「도시 및 주거환경정비법」(빈집 및 소규모 주택 정비법 포함)·「공공주택 특별법」·「주택법」·「건축물의 분양에 관한 법률」·「산업입지 및 개발에 관한 법률」·「택지개발촉진법」상의 공급계약] **기출** 「택지개발촉진법」에 따라 조성한 택지 '공급계약'도 부동산 거래의 신고를 하여야 한다. (○)
대상계약	신고대상물에 대한 '매매계약(전매계약, 공급계약 포함)'을 신고한다. **기출** 부동산 거래신고는 부동산의 '증여계약'을 체결한 경우에도 해야 한다. (×)
신고일과 신고관청	① 거래계약(매매계약) 체결일로부터 '30일' 이내에 신고하여야 한다. ② 해당 '부동산'이 소재하는 관할 '시장·군수 또는 구청장(신고관청)'에 신고하여야 한다.

🔹 부동산 거래신고사항

구 분	신고사항
1. 공통: 기본신고사항 🔑key 인·계·부·부·실제·업·조·위탁관리 🔑key 부부: 면·종류·소·지·지	가. 거래당사자의 '인적' 사항 나. '계약 체결일', 중도금 지급일 및 잔금 지급일 다. 거래대상 '부동산' 등(부동산을 취득할 수 있는 권리에 관한 계약의 경우에는 그 권리의 대상인 부동산을 말한다)의 '소재지'·'지번'·'지목' 및 '면적' 라. 거래대상 '부동산' 등의 '종류'(부동산을 취득할 수 있는 권리에 관한 계약의 경우에는 그 권리의 종류를 말한다) 마. '실제' 거래가격 바. 개업공인중개사가 거래계약서를 작성·교부한 경우에는 다음 사항 　　1) 개업공인중개사의 인적사항 　　2) 개업공인중개사가 「공인중개사법」 제9조에 따라 개설 등록한 중개사무소의 상호·전화번호 및 소재지 사. 계약의 조건이나 기한이 있는 경우에는 그 '조건' 또는 기한 아. 위탁관리인 (서류수령) "위탁관리인"의 "인적사항") [매수인이 국내에 주소 또는 거소(잔금 지급일부터 60일을 초과하여 거주하는 장소)를 두지 않을 경우] (매수인이 외국인인 경우로서 「출입국관리법」 제31조에 따른 외국인등록을 하거나 「재외동포의 출입국과 법적 지위에 관한 법률」 제6조에 따른 국내거소신고를 한 경우에는 그 체류기간 만료일이 잔금 지급일부터 60일 이내인 경우를 포함한다)

주택매매시 추가신고사항(자금조달·입주계획 등) (상가 ✕)	
1. 개인(법인 '외'의 자) ㄱ. 실제 거래가격이 '6억원 이상'인 '주택'을 매수하거나, ㄴ. '투기과열지구' 또는 '조정대상지역'에 소재하는 주택을 매수하는 경우(매수인 중 국가 등이 포함되어 있는 경우는 제외한다)	가. 거래대상 주택의 취득에 필요한 '자금의 조달계획' 및 지급방식(이 경우 '투기과열지구'에 소재하는 주택의 거래계약을 체결한 경우 매수자는 자금의 조달계획을 증명하는 서류로서 국토교통부령으로 정하는 '서류'를 첨부해야 한다) 나. 거래대상 주택에 매수자 본인이 입주할지 여부, 입주 예정 시기 등 거래대상 주택의 '이용계획'

2. '법인'이 '주택'의 거래계약을 체결하는 경우
 	
🔑key 법인....등·친·목·자리
🔑key 등·친은...국·공·신은 제외
 	
(매수법인은 무조건 자금조달·이용계획서 제출)
(국가 등은 무조건 자금조달·이용계획서 제출 ✕)
	가. "법인의 현황"에 관한 다음의 사항(거래당사자 중 '국가' 등이 포함되어 있거나, 거래계약이 법 제3조 제1항 제2호[주; (신규) '공급계약') 또는 같은 항 제3호 가목(주; 신규 공급계약에 따른 '신규 분양권' 매매계약)에 해당하는 경우는 제외한다]
	🔑key 국·공·신은 등·친에서 제외
	1) 법인의 '등기' 현황
	2) 법인과 거래상대방 간의 관계가 다음의 어느 하나에 해당하는지 여부
	  가) 거래상대방이 개인인 경우: 그 개인이 해당 법인의 임원이거나 법인의 임원과 '친족관계'가 있는 경우
	  나) 거래상대방이 법인인 경우: 거래당사자인 매도법인과 매수법인의 임원 중 같은 사람이 있거나 거래당사자인 매도법인과 매수법인의 임원 간 '친족관계'가 있는 경우
	나. 주택 취득 목적 및 취득 자금 등에 관한 다음의 사항(법인이 주택의 매수자인 경우만 해당한다) 🔑key 매수법인은 목·자리
	1) 거래대상인 주택의 취득 '목적'
	2) 거래대상 주택의 취득에 필요한 '자금'의 조달계획 및 지급방식. 이 경우 투기과열지구에 소재하는 주택의 거래계약을 체결한 경우에는 자금의 조달계획을 증명하는 서류로서 국토교통부령으로 정하는 서류를 첨부해야 한다.
	3) 임대 등 거래대상 주택의 '이용계획'

토지매매시 추가신고사항(자금조달·이용계획)	
1. 실제 거래가격이 다음 각 목의 구분에 따른 금액 이상인 '토지'를 매수(지분으로 매수하는 경우는 제외한다)하는 경우 　가. 수도권 등(주; 광역시·세종시)에 소재하는 토지의 경우: 1억원 　나. 수도권 등(주; 광역시·세종시) 외의 지역에 소재하는 토지의 경우: 6억원	가. 거래대상 토지의 취득에 필요한 '자금'의 조달계획 나. 거래대상 토지의 '이용'계획
2. 다음의 '토지'를 '지분'으로 매수하는 경우 　가. 수도권 등(주; 광역시·세종시)에 소재하는 토지 　나. 수도권 등(주; 광역시·세종시) 외의 지역에 소재하는 토지로서 실제 거래가격이 6억원 이상인 토지	가. 거래대상 토지의 취득에 필요한 '자금'의 조달계획 나. 거래대상 토지의 '이용'계획

비 고

1. "개업공인중개사"란 「공인중개사법」 제2조 제4호의 개업공인중개사를 말한다.
2. "법인"이란 「부동산등기법」 제49조 제1항 제2호의 부동산등기용등록번호를 부여받은 법인으로 「상법」에 따른 법인을 말한다.
3. "주택"이란 「건축법 시행령」 [별표 1] 제1호 또는 제2호의 단독주택 또는 공동주택(공관 및 기숙사는 제외한다)을 말하며, 단독주택 또는 공동주택을 취득할 수 있는 권리에 관한 계약의 경우에는 그 권리를 포함한다.
4. "국가 등"이란 법 제3조 제1항 단서의 국가 등을 말한다.
5. "친족관계"란 「국세기본법」 제2조 제20호 가목의 친족관계를 말한다.
6. "투기과열지구"란 「주택법」 제63조에 따라 지정된 투기과열지구를 말한다.
7. "조정대상지역"이란 「주택법」 제63조의2에 따라 지정된 조정대상지역을 말한다.
8. **"수도권 등"이란 「수도권정비계획법」에 따른 수도권, 광역시(인천광역시는 제외한다) 및 세종특별자치시를 말한다.**
9. 부동산 거래를 신고하기 전에 부동산 거래대금이 모두 지급된 경우에는 위 표 제2호부터 제5호까지의 규정에 따른 자금의 조달계획은 자금의 조달방법으로 한다.
10. **다음 각 목의 토지거래는 위 표 제4호 및 제5호의 적용대상에서 제외한다.**
　가. 매수인이 국가 등이거나 매수인에 국가 등이 포함되어 있는 토지거래
　나. 법 제11조 제1항에 따라 허가를 받아야 하는 토지거래
11. 위 표 제4호 및 제5호에 따른 거래가격의 산정방법은 다음 각 목과 같다.
　가. 1회의 토지거래계약으로 매수하는 토지가 둘 이상인 경우에는 매수한 각각의 토지 가격을 모두 합산할 것
　나. 신고 대상 토지거래계약 체결일부터 역산하여 1년 이내에 매수한 다른 토지(신고 대상 토지거래계약에 따라 매수한 토지와 서로 맞닿은 토지로 한정하며, 신고 대상 토지거래계약에 따라 토지를 지분으로 매수한 경우에는 해당 토지의 나머지 지분과 그 토지와 서로 맞닿은 토지나 토지의 지분으로 한다. 이하 이 목에서 같다)가 있는 경우에는 그 토지 가격을 거래가격에 합산할 것. 다만, 토지거래계약 체결일부터 역산하여 1년 이내에 매수한 다른 토지에 대한 거래신고를 한 때 위 표 제4호 및 제5호의 신고사항을 제출한 경우에는 합산하지 않는다.
　다. 「건축법」 제22조 제2항에 따른 사용승인을 받은 건축물이 소재하는 필지(筆地) 가격은 거래가격에서 제외할 것

② 신고방법과 절차

신고방법 및 신고대행	* 신고방법은 신고관청에 직접 방문하여 신고하는 방문신고와 신고관청의 홈페이지를 통한 인터넷신고방법이 있다. ① 방문신고: 부동산거래계약 신고서(법정서식) 제출 + 신고인의 신분증(주민등록증, 여권, 운전면허증 등) 제시 ② 인터넷신고: 전자문서 + 전자인증(공동인증서) 기출 부동산 거래의 신고는 전자문서로 된 신고서에 의하여 할 수 없다. (×) ③ 방문신고는 대리인에 의한 신고대행이 가능하나, 전자문서에 의한 신고는 대리신고가 불가하다.

신고
의무자
	거래당사자가 직거래를 한 경우
	① 원칙: 거래당사자의 공동신고
	거래당사자가 공동으로 부동산거래계약 신고서를 작성하고 서명 '또는' 날인(전자문서 포함)한 후, 거래당사자 중 '1인'이 제출하여야 한다(공동제출할 필요는 없다. 신고자는 신분증을 제시하여야 한다).
	  기출 거래당사자가 직거래를 한 경우, 신고서에는 거래당사자가 공동으로 서명 '및' 날인하여야 한다. (×)
	② 예외: (일방이 신고 거부시) 단독신고
	1인이 신고를 거부한 경우에는 나머지 1인이 단독으로 신고할 수 있다. 이 경우 부동산거래계약 신고서에 + 신분증(제시) + (거부) '사유서' + 거래계약서 사본을 첨부하여야 한다.
	③ 국가 등이 신고: 거래당사자 중 일방이나 쌍방이 국가·지자체·공공기관 등인 경우에는 '국가 등'이 신고하여야 한다.
	④ 신고서 제출의 대행(방문신고에 한함): 대리인은 부동산거래계약 신고서에 + 자신의 신분증(제시) + '위임장'(서명 또는 날인, 법인은 인감 날인) + (위임인의) 신분증 사본을 첨부하여야 한다.
	  기출 전자문서에 의한 신고는 대리 신고가 안 된다. (○)
	개업공인중개사가 중개를 한 경우
	① '개업공인중개사'가 신고하여야 한다(신고서 제출 + 신분증 제시).
	② 이 경우 거래당사자는 아무런 신고의무가 '없다'(신고서에 서명 날인 ×).
	③ '공동중개'의 경우에는 공동중개를 한 개업공인중개사가 '공동으로 신고'하여야 한다.
	④ '신고서 제출의 대행(방문신고에 한함)': 고용신고 된 '소속공인중개사'에 한하여 개업공인중개사를 대리하여 신고서를 제출할 수 있다. 소속공인중개사는 부동산거래계약 신고서(제출)에 + 자신의 신분증을 제시한다(위임장은 제출하지 않음).
	  기출 전자문서에 의한 신고는 대리 신고를 할 수 없다. (○)

③ 신고내용의 검증 및 신고필증 교부

검증 후 통보	① '국토교통부장관'이 부동산거래가격 검증체계를 구축 및 운영하며, 한국부동산원에 위탁한다. ② '신고관청(시·군·구청장)'은 부동산 거래신고를 받은 때 적정성 검증 후 그 결과를 관할 세무관서의 장에게 통보하여야 한다(세무관서장은 과세자료로 활용). ③ 신고가격을 검증한 '신고관청'은 특별시장, 광역시장, 특별자치시장, 도지사, 특별자치도지사에게 보고하여야 하며, '시·도지사'는 신고관청의 신고가격 검증 결과를 '매월 1회' '국토교통부장관'에게 보고하여야 한다(전자문서, 부동산정보체계 포함).
신고필증	신고내용을 확인한 후 신고필증을 신고인에게 '지체 없이' 교부한다.

④ 해제신고 · 정정신청 · 변경신고

계약의 해제 등 신고	① 거래당사자의 공동신고의무 : "거래당사자"는 부동산 거래신고를 한 후, 거래계약이 무효·취소·해제가 되면, 그 확정일로부터 '30일' 이내에 해제 등의 신고를 '하여야' 한다(위반시 500만원 이하의 과태료). ② 예외적 단독신고 : 일방이 신고를 거부시 타방이 단독신고 할 수 있다(거부사유서와 해제 등 입증자료 첨부). (신고를 거부한 자, 신고의무 위반자는 500만원 이하의 과태료) ③ 개업공인중개사도 해제신고 가능 : 개업공인중개사는 해제 등의 신고를 '할 수' 있다(공동중개시 공동해제신고, 일방 거부시 단독으로 해제신고 가능). ④ 신고확인서 : 신고관청은 '지체 없이' 해제신고확인서를 교부하여야 한다. ⑤ 해제신고 간주 : '부동산거래계약 (전자)시스템'을 통하여 거래계약을 해제한 경우에는 부동산거래계약 해제 등 신고서를 제출한 것으로 본다.
정정신청 (할 수 있다)	① 공동신청 원칙 : 거래당사자 또는 개업공인중개사는 부동산 거래계약 신고 내용 중 다음의 어느 하나에 해당하는 사항이 '잘못 기재'된 경우에는 신고관청에 신고 내용의 정정을 신청'할 수' 있다. 〈정정신청사항〉 ♀key 주·전·지.....소·상·전....면·종류·대·지·지 ㉠ 거래당사자의 '주소'·'전화번호' 또는 휴대전화번호 ㉡ 거래'지분'비율 ㉢ 개업공인중개사의 사무소 '소재지', '상호' 또는 '전화번호' ㉣ 거래대상 '건축물'의 '종류' ㉤ 거래대상 부동산 등(부동산을 취득할 수 있는 권리에 관한 계약의 경우에는 그 권리의 대상인 부동산을 말한다)의 '지목', '면적', 거래'지분' 및 '대지권'비율 ② 단독신청 가능 : 거래당사자의 '주소'와 '전화번호'는 '단독'이 단독으로 서명 또는 날인하여 정정을 신청할 수 있다.

③ 신고필증에 정정표시: 정정신청을 하려는 거래당사자 또는 개업공인중개사는 발급받은 '신고필증'에 정정사항을 표시하고 해당 정정 부분에 서명 '또는' 날인을 하여 신고관청에 제출해야 한다(정정신청서 제출 ×).

④ 정정신청을 받은 신고관청은 정정사항을 확인한 후 '지체 없이' 해당 내용을 정정하고, 정정사항을 반영한 신고필증을 '재발급'해야 한다.

⑤ 🔑key 면·지·지 면적, 지분, 지분비율은 정정사항이면서 변경사항이기도 하다.

변경신고
(할 수 있다)

① 공동신고 원칙: 거래당사자 또는 개업공인중개사는 부동산 거래계약 신고 내용 중 어느 하나에 해당하는 사항이 변경된 경우에는 「부동산등기법」에 따른 부동산에 관한 '등기신청 전'에 신고관청에 신고내용의 변경을 신고 '할 수' 있다(등기 이후 ×).

> 〈변경신고사항〉
>
> 🔑key 면·지·지..(정정·변경 공통)...조·기..공동..다수..대금..날짜·위탁관리인
>
> ㉠ 거래대상 부동산 등의 '면적'(정정신청사항이기도 함)
> ㉡ 거래'지분'(정정신청사항이기도 함)
> ㉢ 거래'지분'비율(정정신청사항이기도 함)
> ㉣ 계약의 '조건' 또는 '기한'
> ㉤ '공동' 매수의 경우 일부 매수인의 변경(매수인 중 일부가 제외되는 경우만 해당한다) (교체나 추가 ×)
> ㉥ 거래대상 부동산 등이 '다수'인 경우 일부 부동산 등의 변경(거래대상 부동산 등 중 일부가 제외되는 경우만 해당한다) (교체나 추가 ×)
> ㉦ 거래가격
> ㉧ 중도금·잔금 및 지급일(계약일 ×, 계약금 ×)
> ㉨ 위탁관리인의 성명, 주민등록번호, 주소 및 전화번호(휴대번호 포함).

🔵기출 계약일, 계약금, 공동 매수인이 '교체'되거나 '추가'된 경우에도 변경신고를 할 수 있다. (×)

② 부동산거래변경신고서: 변경신고를 하는 거래당사자 또는 개업공인중개사는 별지 제3호 서식의 부동산거래계약 변경신고서에 서명 '또는' 날인하여 신고관청에 제출해야 한다.

③ 부동산 등의 면적 변경이 없는 상태에서 거래가격이 변경된 경우에는 '거래계약서 사본' 등 그 사실을 증명할 수 있는 서류를 첨부해야 한다.

④ 단독신고 가능: 공급계약과 공급받은 지위에 대한 매매계약인 경우 거래가격 중 '분양가격' 및 '선택품목'은 거래당사자 일방이 '단독'으로 변경신고를 할 수 있다. 이 경우 '거래계약서 사본' 등 그 사실을 증명할 수 있는 서류를 첨부해야 한다. 🔑key 단독변경..옵션(선택품목), 분양가

⑤ 변경신고를 받은 신고관청은 변경사항을 확인한 후 '지체 없이' 해당 내용을 변경하고, 변경사항을 반영한 신고필증을 '재발급'해야 한다.

⑤ 신고위반시 제재

주 체	과태료	한 도
신고관청 (물건소재 시 · 군 · 구청장)	① 〈대지자, 조치자〉 거래 '대금 지급'을 증명할 수 있는 '자료' 제출 요구에 불응한 자 및 기타 신고관청의 '조치 · 명령'에 불응한 자 ② 〈허〉 부동산 거래가 없음에도 '불구하고' 거래가 된 것처럼 '허위' (거짓)로 신고한 자 (허위신고) ③ 〈허〉 거래신고의 해제 등이 없음에도 '불구하고' 허위(거짓)로 해제 등의 신고를 한 자 (허위해제신고)	3천만원 이하의 과태료
	〈목적범〉 부당한 이익을 얻거나 제3자에게 얻게 할 "목적"으로 위의 ②, ③의 허위신고나 허위해제신고를 한 자 (목적범 가중처벌)	3년 이하의 징역 또는 3천만원 이하의 벌금
	〈가격 등의 거짓신고〉 부동산 거래신고에 대한 (가격 등) '거짓신고'를 한 자	취득가액의 10% 이하의 과태료
	〈거 · 계 · 미친 · 요 · 자〉 ① 부동산거래신고를 '거부'하거나, ② '게을리' 한 자, ③ 부동산 거래신고를 하지 아니한 자(미신고), ④ 거짓신고를 '요구' · 조장 · 방조한 자, ⑤ 거래대금 지급을 증명할 수 있는 자료 '이외'의 '자료' 제출 '요구'에 불응한 자(매매계약서 등의 제출 요구에 불응한 자),	500만원 이하의 과태료
	「주택임대차보호법」상의 주택임대차 계약을 신고하지 '아니한' 자(미신고), 주택임대차 '변경' 및 '해제'신고를 하지 아니한 자, 주택임대차 신고를 '거짓'으로 한 자	100만원 이하의 과태료

주의

리니언시제도(자진신고자 과태료 감면제도)

> **법 제29조【자진신고자에 대한 감면 등】** 신고관청은 제28조 제2항 제1호부터 제3호까지(주; 신고거부, 미신고, 거짓신고 요구 · 조장 − 500만원 이하의 과태료) 및 제3항(주; 거짓신고 − 취득가액의 10% 이하의 과태료)부터 제5항(주; 외국인 특례상, 계약 원인 − 300만원 이하의 과태료, 계약 이외 원인 − 100만원 이하의 과태료)까지의 어느 하나에 따른 위반 사실을 '자진신고'(자수)한 자에 대하여 대통령 령으로 정하는 바에 따라 같은 규정에 따른 과태료를 '감경' 또는 '면제'할 수 있다.
>
> 주의 자료제출요구에 불응한 경우, 3천만원 이하의 과태료사유(대지자, 조치자, 허, 허)는 리니언시가 적용되지 아니한다.

> **영 제21조【자진신고자에 대한 감경 또는 면제의 기준 등】** ① 법 제29조에 따른 과태료의 감경 또는
> 면제 기준은 다음 각 호와 같다.
> 1. 법 제6조 제1항 또는 제3항(각각 법 제6조의4 제3항에서 준용하는 경우를 포함한다)에 따른 국
>   토교통부장관 또는 신고관청(이하 "조사기관"이라 한다)의 '조사가 시작되기 전'에 '자진신고'한
>   자로서 다음 각 목의 요건을 모두 충족한 경우 : '과태료 면제'(최초로 자수한 자, 끝까지 협조한
>   자일 것)
> 2. 조사기관의 조사가 시작된 후 자진신고한 자로서 다음 각 목의 요건을 모두 충족한 경우 : 과태
>   료의 100분의 50 감경(최초로 자수한 자, 끝까지 협조한 자일 것)
> ② 제1항에도 불구하고 다음 각 호의 어느 하나에 해당하는 경우에는 과태료를 감경·면제하지 '않
> 는다'.
> 1. 자진신고하려는 부동산 등의 거래계약과 관련하여 「국세기본법」 또는 「지방세법」 등 관련 법령
>   을 위반한 사실 등이 관계기관으로부터 조사기관에 통보된 경우
> 2. 자진신고한 날부터 과거 '1년 이내'에 제1항 제1호 및 제2호에 따른 자진신고를 하여 '3회 이상'
>   과태료의 감경 또는 면제를 받은 경우(주; 3번 이상의 상습범인 경우)

6 타 제도와의 관계

(1) 부동산 거래신고를 하여 신고필증을 교부받은 경우, 「부동산등기 특별조치법」상의 검인은
받은 것으로 본다.

(2) 부동산 거래신고(매매계약, 30일)를 한 경우, 외국인 특례상의 취득신고(60일)는 한 것으로
본다.

(3) 토지거래허가를 받은 경우라도 부동산 거래신고는 '하여야' 한다.

(4) 농지취득자격증명이 있어도 부동산 거래신고는 '하여야' 한다.

(5) '부동산거래계약 (전자)시스템'을 통하여 거래계약을 체결한 경우에는 부동산거래계약 신고
서를 제출한 것으로 '본다'.

■ 부동산 거래신고 등에 관한 법률 시행규칙 [별지 제1호 서식] <개정 2023. 8. 22.>

부동산거래관리시스템(rtms.molit.go.kr)에서도 신청할 수 있습니다.

부동산거래계약 신고서

※ 뒤쪽의 유의사항·작성방법을 읽고 작성하시기 바라며, [ ]에는 해당하는 곳에 √표를 합니다. (앞쪽)

접수번호		접수일시		처리기간	지체 없이

① 매도인	성명(법인명)	주민등록번호(법인·외국인 등록번호)		국적	
	주소(법인소재지)		거래지분비율 (분의)		
	전화번호		휴대전화번호		

② 매수인	성명(법인명)	주민등록번호(법인·외국인 등록번호)		국적	
	주소(법인소재지)		거래지분비율 (분의)		
	전화번호		휴대전화번호		
	③ 법인신고서 등	[ ] 제출 [ ] 별도 제출 [ ] 해당 없음			
	외국인의 부동산 등 매수용도	[ ] 주거용(아파트) [ ] 주거용(단독주택) [ ] 주거용(그 밖의 주택) [ ] 레저용 [ ] 상업용 [ ] 공업용 [ ] 그 밖의 용도			
	위탁관리인 (국내에 주소 또는 거소가 없는 경우)	성명	주민등록번호		
		주소			
		전화번호	휴대전화번호		

개업 공인중개사	성명(법인명)	주민등록번호(법인·외국인 등록번호)	
	전화번호	휴대전화번호	
	상호	등록번호	
	사무소 소재지		

거래대상	종류	④ [ ] 토지 [ ] 건축물 ( ) [ ] 토지 및 건축물 ( )			
		⑤ [ ] 공급계약 [ ] 분양권 [ ] 준공 전 [ ] 준공 후 [ ] 전매 [ ] 입주권 [ ] 대주택 분양전환			
	⑥ 소재지/ 지목/ 면적	소재지			
		지목	토지면적 m²	토지 거래지분 (분의)	
		대지권비율 (분의)	건축물면적 m²	건축물 거래지분 (분의)	
	⑦ 계약대상 면적	토 지 m²	건축물 m²		
	⑧ 물건별 거래가격				원
		공급계약 또는 전매	분양가격 원	발코니 확장 등 선택비용 원	추가 지급액 등 원

⑨ 총 실제 거래가격 (전체)	합계 원	계약금	원	계약 체결일	
		중도금	원	중도금 지급일	
		잔 금	원	잔금 지급일	

⑩ 종전 부동산	소재지/지목 /면적	소재지			
		지목	토지면적 m²	토지 거래지분 (분의)	
		대지권비율 (분의)	건축물면적 m²	건축물 거래지분 (분의)	
	계약대상 면적	토지 m²	건축물 m²	건축물 유형( )	
	거래금액	합계 원	추가 지급액 등 원	권리가격 원	
		계약금 원	중도금 원	잔금 원	

⑪ 계약의 조건 및 참고사항	

유의사항

① 거래당사자 간 직접거래의 경우에는 공동으로 신고서에 서명 또는 날인을 하여 거래당사자 중 (일방)이 신고서를 제출하고, 중개거래의 경우에는 (개업공인중개사)가 신고서를 제출해야 하며, 거래당사자 중 일방이 국가 및 지자체, 공공기관인 경우에는 (국가 등)이 신고하여야 한다.

② 거래대상의 종류가 공급계약(분양) 또는 전매계약(분양권, 입주권)인 경우, 물건별 거래가격 및 총 실제거래가격에 **부가가치세를 (포함)한 금액을 적고, 그 외의 거래대상의 경우 부가가치세를 (제외)한 금액을 적는다.**

③ "거래계약의 체결일"이란 거래당사자가 구체적으로 "특정"되고, 거래목적물 및 거래대금 등 거래계약의 중요 부분에 대하여 거래당사자가 "합의한 날"을 말한다. 이 경우 합의와 더불어 "계약금"의 전부 또는 일부를 지급한 경우에는 그 "지급일"을 거래계약의 체결일로 보되, 합의한 날이 계약금의 전부 또는 일부를 지급한 날보다 앞서는 것이 서면 등을 통해 인정되는 경우에는 "합의한 날"을 거래계약의 체결일로 본다.

작성방법

① 거래당사자가 **다수인 경우 매도인 또는 매수인의 "주소"란에 거래대상별 거래 "지분"을 기준으로 각자의 거래지분비율**(매도인과 매수인의 거래지분비율은 일치해야 한다)을 표시한다.

② 거래당사자가 **"외국인"인 경우 거래당사자의 "국적"을 반드시 기재**하여야 하며, 외국인이 부동산 등을 매수하는 경우 **"매수용도"**란의 용도 중 하나에 √표시를 한다.

③ 소재지는 지번(아파트 등 집합건축물의 경우에는 동·호수)까지, 지목/면적은 "토지대장"상의 지목·면적, **"건축물대장"상의 건축물 면적, "등기사항증명서"상의 대지권비율**, 각 거래대상의 토지와 건축물에 대한 거래지분을 정확하게 적는다.

④ 계약대상 **"면적"**에는 실제 거래면적을 계산하여 적되, 건축물 면적은 **"집합건축물"의 경우 "전용면적"**을 적고, **"그 밖"**의 건축물의 경우 **"연면적"**을 적는다.

⑤ **"물건별"** 거래가격란에는 **"각각"**의 부동산별 거래가격을 적는다.

⑥ **공급계약은 최초 분양계약을 말한다.**

⑦ 최초 공급계약(분양) 또는 전매계약(분양권, 입주권)의 경우 공급가격(분양가액 등), 발코니 등 옵션비용(발코니 확장비용, 시스템에어컨 설치비용 등) 및 추가지불액(프리미엄 등 공급가액을 초과 또는 미달하는 금액)을 각각 적는다.

⑧ **"총 실제" 거래가격란에는 "전체"거래가격**(둘 이상의 부동산을 함께 거래하는 경우 각각의 부동산별 거래가격의 "합계" 금액)을 적는다.

⑨ **"종전"부동산란은 "입주권" 매매의 경우에만 작성한다.**

■ 부동산 거래신고 등에 관한 법률 시행규칙 [별지 제1호의2 서식] <신설 2020.10.27.>

부동산거래관리시스템(rtms.molit.go.kr)에서도 신청할 수 있습니다.

법인 주택거래계약신고서

※ 색상이 어두운 난은 신청인이 적지 않으며, [ ]에는 해당되는 곳에 ✓표시를 합니다.

접수번호		접수일시		처리기간	
구 분	[ ] 매도인 [ ] 매수인				
제출인 (법인)	법인명(등기사항전부증명서상 상호)		법인등록번호		
			사업자등록번호		
	주소(법인소재지)		(휴대)전화번호		
① 법인 등기현황	자본금 <div align="right">원</div>		② 등기임원(총 인원) <div align="right">명</div>		
	회사성립연월일		법인등기기록 개설 사유(최종)		
	③ 목적상 부동산 매매업(임대업) 포함 여부 [ ] 포함 [ ] 미포함		④ 사업의 종류 업태 ( ) 종목 ( )		
⑤ 거래 상대방 간 특수관계 여부	법인 임원과의 거래 여부 [ ] 해당 [ ] 미해당		관계(해당하는 경우만 기재)		
	매도·매수법인 임원 중 동일인 포함 여부 [ ] 해당 [ ] 미해당		관계(해당하는 경우만 기재)		
	친족관계 여부 [ ] 해당 [ ] 미해당		관계(해당하는 경우만 기재)		
⑥ 주택 취득목적					

「부동산 거래신고 등에 관한 법률 시행령」 [별표 1] 제2호 가목 및 같은 법 시행규칙 제2조 제5항에 따라 위와 같이 법인 주택 거래계약 신고서를 제출합니다.

년   월   일
제출인   (서명 또는 인)

시장·군수·구청장 귀하

유의사항
이 서식은 부동산거래계약 신고서 접수 전에는 제출할 수 없으니 별도 제출하는 경우에는 미리 부동산 거래계약 신고서의 제출 여부를 신고서 제출자 또는 신고관청에 확인하시기 바랍니다.

🏠 **주택임대차신고제도**

신고지역	특별자치시·특별자치도·시·군(광역시 및 경기도의 관할구역에 있는 군으로 한정한다)·구(자치구를 말한다)이내에 소재하는 주택임대차를 신고하여야 한다. **주의** 일반 도(道)소재의 군(郡)지역은 주택임대차신고를 하지 아니한다. 상가건물임대차신고제도는 없다.
신고대상	① 「주택임대차보호법」의 적용을 받는 주택으로서, 대통령령으로 정하는 금액을 초과하는 주택임대차(일시사용을 위한 임대차 적용 ×) ② '대통령령으로 정하는 금액을 초과하는 임대차 계약'이란 **보증금이 '6천만원'을 초과하거나, '또는' 월차임이 '30만원'을 초과하는 주택임대차 계약을 말한다**(보증금 6천 − 월차임 30만원인 경우에는 신고의무가 없다). ③ **계약을 갱신하는 경우로서 보증금 및 차임의 증감 없이 임대차 기간만 연장하는 계약은 신고하지 않는다.**
신고기한	임대차계약체결일로부터 '30일' 이내에 신고하여야 한다(위반시 100만원 이하의 과태료).
신고 의무자	① '임대차거래당사자(임대인과 임차인)'가 공동으로 신고(일방이 신고거부시 단독신고 가능)하여야 한다. ② 일방이 국가 등인 경우, '국가 등'이 신고하여야 한다. ③ 개업공인중개사에게는 주택임대차신고의무는 '없다'.
주택 임대차 신고 사항	♀key 인·계·부·부·실제·계갱·개소 1. 〈인〉 임대차계약당사자의 "인적사항" 　가. 자연인인 경우 : 성명, 주소, 주민등록번호(외국인인 경우에는 외국인등록번호) 및 연락처 　나. 법인인 경우 : 법인명, 사무소 소재지, 법인등록번호 및 연락처 　다. 법인 아닌 단체인 경우 : 단체명, 소재지, 고유번호 및 연락처 2. 〈계〉 "계약체결일" 및 "계약 기간" 3. 〈부부〉 임대차 "목적물"(주택을 취득할 수 있는 권리에 관한 계약인 경우에는 그 권리의 대상인 주택을 말한다)의 "소재지", "종류", 임대 "면적" 등 임대차 목적물 "현황" 4. 〈실제〉 보증금 또는 월 차임(주; 실제거래가격) 5. 〈계·갱〉 「주택임대차보호법」 제6조의3에 따른 "계약갱신요구권"의 행사 여부(계약을 갱신한 경우만 해당한다) 6. 〈개·소〉 해당 주택 임대차 계약을 중개한 "개업공인중개사"의 사무소 명칭, 사무소 소재지, 대표자 성명, 등록번호, 전화번호 및 "소속공인중개사" 성명
신고관청	부동산 소재지 관할 "시장·군수·구청장"에게 신고(신고관청은 읍·면·동장 또는 출장소장에게 위임 가능)하여야 한다.
제 재	① 주택임대차신고 미신고, 변경신고, 해제신고 미신고 : 100만원 이하의 과태료 ② (가격 등) 거짓신고 : '**100만원 이하**'의 과태료
신고필증	부동산 거래신고를 하면 신고필증을 '지체 없이' 발급하여야 한다.

타 제도와의 관계	① "특별법"(「공공주택 특별법」, 「민간임대주택특별법」)상의 주택임대차 신고나 변경신고를 한 경우에는 이 법상의 주택임대차 신고 등을 한 것으로 본다. ② 「주민등록법」에 따른 "전입신고"를 하면, 이 법상의 주택임대차신고를 한 것으로 본다. ③ 이 법상의 주택임대차신고시에 "임대차계약서"를 첨부하면, (「주택임대차보호법」상) "확정일자"를 받은 것으로 본다.

토지거래허가제도

허가구역 지정

① 국토교통부장관의 지정: 허가구역이 둘 이상의 시·도의 관할구역에 걸치는 경우에는 국토교통부장관이 '5년 이내'에서 지정할 수 있다.

> **기출** 허가구역이 둘 이상의 시·도의 관할구역에 '걸쳐' 있는 경우, 시·도지사가 협의하여 지정할 수 있다. (×)

② 시·도지사의 지정: 동일한 시·도 안의 일부지역인 경우에는 시·도지사가 '5년 이내'에서 지정할 수 있다 . 다만, 지가 급격히 상승 등 대통령령으로 정하는 경우에는 '국토교통부장관'이 지정을 직접 할 수도 있다.

③ 지정 및 통지 절차: 지가동향파악(재지정시에는 의견청취) ⇨ 도시계획위원회의 "심의" (국토교통부장관은 "중앙"도시계획위원회의 심의, 시·도지사는 "시·도" 도시계획위원회의 심의) ⇨ "지정"("5년 이내" 기간을 정하여 지정) ⇨ 국토교통부장관, 시·도지사에게 지체 없이 통지 및 (일반인에게) "공고" ⇨ 시·도지사는 시·군·구청장에게 통지 ⇨ 시·군·구청장은 "지체 없이" 관할 등기소장에게 통지하고, '7일' 이상 (일반인) 공고하고, '15일간' 열람하게 한다.

> **기출** 1. 허가구역 지정·공고 내용의 통지를 받은 시장·군수 또는 구청장은 지체 없이 그 공고 내용을 그 허가구역을 관할하는 등기소의 장에게 통지하여야 한다. (○)
>
> 2. 시·도지사는 지정기간이 끝나는 허가구역을 계속하여 다시 허가구역으로 지정하려면, 시·도 도시계획위원회의 심의 전에 미리 시장·군수 또는 구청장의 의견을 들어야 할 필요는 없다. (×)
>
> 3. 국토교통부장관은 허가구역의 지정사유가 없어졌다고 인정되면 중앙도시계획위원회의 심의를 거치지 않고, 허가구역의 지정을 해제할 수 있다. (×)

④ 특정허가제: 허가구역 내에서 허가를 받아야 할 허가대상을 특정 대상자, 특정 지목, 특정 용도 등을 따로 지정할 수도 있다.

⑤ 지정공고: 공고시에는 축척 '5만분의 1' 또는 2만 5천분의 1의 '지형도'를 첨부하여, 대상 면적, 대상 지역, 대상 지목 등을 공고하여야 한다.

〈공고할 사항〉
영 제7조(허가구역의 지정) ④ 법 제10조 제3항에서 "허가대상자, 허가대상 용도와 지목 등 대통령령으로 정하는 사항"이란 다음 각 호의 사항을 말한다. 〈개정 2023.10.4.〉
1. 법 제10조 제1항에 따른 토지거래계약에 관한 허가구역(이하 "허가구역"이라 한다)의 지정기간
1의2. 허가대상자, 허가대상 용도와 지목

2. 허가구역 내 토지의 소재지·지번·지목·면적 및 용도지역(「국토의 계획 및 이용에 관한 법률」 제36조에 따른 용도지역을 말한다. 이하 같다)
3. 허가구역에 대한 축척 5만분의 1 또는 2만 5천분의 1의 '지형도'
4. 제9조 제1항에 따른 허가 면제 대상 토지면적

⑥ 지정의 효과 발생 : 지정을 공고한 날부터 '5일 후'에 효력이 발생한다.

기출 허가구역의 지정은 허가구역의 지정을 공고한 날부터 '지체 없이' 그 효력이 발생한다. (×)

⑦ 허가 없이 계약 : 허가를 배제하거나 잠탈하고 거래계약을 체결한 경우에는 확정적 무효. 형벌은 2년 이하의 징역 또는 토지가액(공시지가 기준)의 100분의 30에 해당하는 금액 이하의 벌금(허가를 전제로 한 계약은 유동적 무효이며, 처벌하지 아니한다)에 처한다.

| 허가대상 토지 | ① 허가받아야 할 기준면적
㉠ 도시지역 안의 주거지역 $60m^2$ 초과시, 상업지역 $150m^2$ 초과시, 공업지역 $150m^2$ 초과시, 녹지지역 $200m^2$ 초과시, 기타 미지정 $60m^2$ 초과시
㉡ 도시지역 이외의 지역에서 농지 $500m^2$ 초과시, 임야 $1,000m^2$ 초과시, 기타 $250m^2$ 초과시
* (단, 국토교통부장관 또는 시·도지사가 허가구역을 지정·공고할 때 기준면적의 '10%' 이상 '300%' 이하에서 달리 정할 수도 있다)

② 면적산정
㉠ 면적을 산정할 때, 일단(一團)의 토지이용을 위하여 거래계약을 체결한 날로부터 '1년 이내'에 일단의 토지 일부에 대하여 계약을 체결한 경우에는 그 일단의 토지 '전체'에 대한 거래로 본다(즉, 허가를 받아야 한다).
㉡ 허가구역 지정 당시 기준면적을 초과하는 토지가 허가구역 지정 후에 분할로 기준면적 이하가 된 경우, 분할 후 '최초'의 거래계약은 기준면적을 초과하는 계약으로 본다(즉, 허가를 받아야 한다). (분할 후 최초로 '공유지분'으로 거래하는 경우도 마찬가지로 허가를 받아야 한다)

③ 허가받아야 할 거래계약 : 소유권·지상권의 설정 및 이전에 관한 유상의 계약 및 예약을 하기 전에는 허가를 받아야 한다.
㉠ (매매계약, 교환계약, 유상의 지상권 설정 및 이전, 대물변제계약 등)
㉡ 법원경매(압류부동산 공매) ×, 무상 증여계약 ×, 무상의 지상권 ×

〈허가받을 필요 없는 것〉
① 「공익사업을 위한 토지 등의 취득 및 보상에 관한 법률」에 따른 토지의 '수용'
② 「민사집행법」에 따른 '경매' ③ 그 밖에 대통령령으로 정하는 경우[「국유재산법」에 따라 국유재산을 일반경쟁입찰로 처분하는 경우, 「택지개발촉진법」에 따라 택지를 공급하는 경우, 국세 및 지방세의 체납처분 또는 강제집행을 하는 경우, 법 제9조에 따라 '외국인' 등이 ('외국인 특례'에 따라) 토지취득의 허가를 받은 경우 등] |

허가신청	토지거래계약의 허가를 받으려는 자는 그 허가신청서에 '계약내용'과 그 토지의 '이용계획', 취득 '자금 조달계획' 등을 적어 시장·군수 또는 구청장에게 제출하여야 한다. 〈토지의 금액 상관없이 무조건 자금조달계획서를 제출하여야 한다.〉 〈허가신청서 기재사항〉 1. 당사자의 성명 및 주소(법인인 경우에는 법인의 명칭 및 소재지와 대표자의 성명 및 주소) 2. "토지"의 지번·지목·면적·이용현황 및 권리설정현황 3. "토지의 정착물"인 건축물·공작물 및 입목 등에 관한 사항 4. 이전 또는 설정하려는 "권리의 종류" 5. "계약예정금액" 6. 토지의 이용에 관한 계획 7. 토지를 취득하는 데 필요한 "자금조달계획"
허가권자 (시·군· 구청장)	① 허가처분 　㉠ '15일' 이내 허가 (또는 불허가) 처분 - 실수요성이 있으면 허가처분을 한다. 허가를 받은 자는 허가받은 목적대로 그 토지를 사용(이용)하여야 한다. 　㉡ 자기의 거주용 주택용지(2년 이용), 자기 주민의 복지시설, 편의시설(2년 이용), 자기 농업용·임업용·축산업 등(2년 이용), 사업시행자의 사업시행용(4년 이용), 피수용 후, 대체 토지를 취득(2년 이용), 현상보존의 목적(5년 보존) 등 　㉢ 허가받은 목적대로 일정 기간(5년 이내) 사용의무(이용의무)가 있고, 위반시 "이행명령[3개월 이내 이용하라, 문서(서면)로 명령서]" 및 "이행강제금" 부과(실거래가를 기준으로 10% 범위 내 매년 한차례 부과한다. 　㉣ 이행강제금 부과기준: 그대로 방치 10%, 무단임대 7%, 무단변경 5%, 기타 7%(이행강제금 부과처분 고지를 받은 날로부터 "30일" 이내 이의제기 가능하다)〈이미 부과된 것은 징수한다〉 　㉤ 「민원처리에 관한 법률」에 따른 처리기간(15일 이내)에 허가증의 발급 또는 불허가처분 사유의 통지가 없거나, 선매 협의 사실의 통지가 없는 경우에는 그 기간이 끝난 '다음 날'에 토지거래계약의 '허가'가 있는 것으로 본다. ② 불허가 처분: 〈계〉 토지이용이 도시계획에 맞지 아니한 경우, 〈생〉 생태계의 보전과 〈생〉 생활환경보호에 중대한 위해를 끼칠 경우, 〈면〉 면적이 토지이용목적에 적합하지 아니한 경우에는 불허가처분을 한다. ③ 이의제기 및 매수청구 　㉠ 허가·불허가 처분에 이의가 있는 자는 그 처분을 받은 날부터 '1개월' 이내에 시장·군수 또는 구청장에게 이의를 신청할 수 있다. 　㉡ 불허가처분을 받은 자는 '1개월' 이내 시장·군수 또는 구청장에게 '매수청구'를 할 수 있다. 이 경우, 가격은 '공시지가'를 기준으로 한다(다만, 신청서 가격이 더 낮으면 신청서 가격으로 매수할 수 있다). ④ 선매제도: 〈공〉'공익'사업용 토지, 〈허〉'허가' 목적대로 사용하지 아니한 토지에 대하여 국가 등이 선매를 신청할 수 있다. 이 경우, 가격은 '감정가'를 기준으로 한다(다만, 허가신청서 가격이 더 낮으면 허가신청서 가격으로 선매할 수 있다). 기출 토지거래계약의 허가신청이 된 토지에 대하여 시장·군수 또는 구청장이 선매자를 지정하는 경우, 선매자가 토지를 매수할 때의 가격은 토지소유자의 '매입가격'으로 한다. (×)

	⑤ 선매절차
	㉠ 시장·군수 또는 구청장은 토지거래계약 허가신청이 있는 날로부터 '1개월' 이내에 선매자를 '지정'하여 토지소유자에게 통지하여야 하며, 선매자는 지정통지를 받은 날부터 '1개월' 이내에 선매 협의를 '끝내야' 한다.
	㉡ 선매자로 지정된 자는 지정통지를 받은 날로부터 '15일' 이내에 매수가격 등 '선매조건'을 기재한 '서면'을 토지소유자에게 통지하여 선매협의를 하여야 하며, 지정통지를 받은 날부터 1개월 이내에 선매협의조서(거래계약서 사본 첨부)를 허가관청에 제출하여야 한다.
	⑥ 선매협의가 이루어지지 아니한 경우에는 시·군·구청장은 "지체 없이" 허가 또는 불허가 여부를 결정하여 통보하여야 한다.
타 제도와의 관계	① 토지거래허가를 받은 경우에는 검인을 받은 것으로 본다. ② 토지거래허가를 받은 경우에는 농지취득자격증명을 받은 것으로 본다. **기출** 토지가 농지라면 토지거래계약 허가를 받은 경우에는 「농지법」에 따른 농지취득자격증명을 받은 것으로 본다. (○) ③ 토지거래허가를 받은 경우에는 외국인 특례상의 취득 허가도 받은 것으로 본다(군사시설보호구역 등). ④ 토지거래허가를 받은 경우에도 부동산 거래신고는 별도로 하여야 한다. **기출** 토지거래계약 허가를 받은 경우에는 부동산 거래신고를 한 것으로 본다. (×)
유동적 무효	① 유동적 무효상태에서는 이행을 청구(중도금 지급, 잔금지급, 등기이전 등)할 수 없다. ② 상호 협력하여 허가를 받아야 할 협력의무가 있으며, 일방이 허가신청의 협력의무를 위반시에는 소를 통하여 이행을 청구할 수 있으며, 손해배상액을 미리 예정할 수도 있다. ③ 계약금계약에 기한 해제권은 인정된다. ④ 토지허가구역 내에서 중간생략등기의 효력은 무효이다.

주의

토지이용에 대한 의무와 이행강제금

1. 허가목적대로 이용의무

토지거래계약을 허가받은 자는 대통령령으로 정하는 사유가 있는 경우 외에는 '5년의 범위'에서 대통령령으로 정하는 기간에 그 토지를 허가받은 목적대로 이용하여야 한다.

2. 조사의무

시장·군수 또는 구청장은 토지거래계약을 허가받은 자가 허가받은 목적대로 이용하고 있는지를 국토교통부령으로 정하는 바(매년 1회 이상)에 따라 조사하여야 한다.

3. 의무이행명령

시장·군수 또는 구청장은 토지의 이용 의무를 이행하지 아니한 자에 대하여는 상당한 기간을 정하여 토지의 이용 의무를 이행하도록 명할 수 있다. 이행명령은 '문서'로 하여야 하며, 이행기간은 '3개월' 이내로 정하여야 한다. 다만, 대통령령으로 정하는 사유가 있는 경우에는 이용 의무의 이행을 명하지 아니할 수 있다.

4. 이행강제금의 부과

① 시장·군수 또는 구청장은 이행명령이 정하여진 기간에 이행되지 아니한 경우에는 토지 '취득
가액'(실제 거래가액을 말한다. 다만, 실제거래가격이 확인되지 아니한 경우에는 가장 최근의
개별공시지가를 기준)의 '100분의 10의 범위'에서 대통령령으로 정하는 금액의 이행강제금을
부과한다.

② 시장·군수 또는 구청장은 최초의 이행명령이 있었던 날을 기준으로 '1년에 한 번씩' 그 이행명
령이 이행될 때까지 반복하여 이행강제금을 부과·징수할 수 있다.

③ 다만, 이용 의무기간이 '지난 후'에는 이행강제금을 부과할 수 '없다'.

5. 이행강제금의 중지

① 시장·군수 또는 구청장은 이행명령을 받은 자가 그 명령을 '이행하는 경우'에는 새로운 이행
강제금의 부과를 즉시 '중지'한다.

② 명령을 '이행하기 전'에 '이미 부과'된 이행강제금은 '징수'하여야 한다.

6. 이행강제금의 불복

이행'강제금'의 부과처분에 불복하는 자는 시장·군수 또는 구청장에게 이의를 제기할 수 있다.
이의를 제기하려는 경우에는 부과처분을 고지받은 날부터 '30일' 이내에 하여야 한다.

7. 이행강제금의 징수

이행강제금 부과처분을 받은 자가 이행강제금을 납부기한까지 납부하지 아니한 경우에는 국세 체
납처분의 예 또는 「지방행정제재·부과금의 징수 등에 관한 법률」에 따라 징수한다.

주의

허가취소 등의 조치·명령권

1. 국토교통부장관, 시·도지사, 시장·군수 또는 구청장은 다음의 어느 하나에 해당하는 자에게 '허
가 취소' 또는 그 밖에 필요한 처분을 하거나 조치를 명할 수 있다.

> ① 토지거래계약에 관한 허가 또는 변경허가를 받지 아니하고 토지거래계약 또는 그 변경계약을 체
> 결한 자
> ② 토지거래계약에 관한 허가를 받은 자가 그 토지를 '허가받은 목적대로 이용하지 아니한' 자
> ③ '부정한 방법'으로 토지거래계약에 관한 허가를 받은 자

2. 국토교통부장관, 시·도지사, 시장·군수 또는 구청장은 토지거래계약 허가의 '취소'처분을 하려
면 '청문'을 하여야 한다.

3. 토지거래에 관한 허가 취소, 처분 또는 조치명령을 위반한 자는 1년 이하의 징역 또는 1천만원 이
하의 벌금에 처한다.

Thema 30 외국인의 부동산 취득에 대한 특례

1 외국인 취득 특례의 적용범위

개 념	① 외국인이 대한민국 내의 '부동산(토지 및 건물)'의 '소유권'을 '취득'시에 이를 적절히 규제한다. ② 외국인은 부동산 소재 관할 '시·군·구청장'에게 신고(원칙 : 신고제, 예외 : 허가제)하여야 한다. ③ 방문신고 또는 전자문서(전자문서는 대리 불가)가 가능하다.
외국인	① 대한민국 국적이 없는 자 ② (임원, 의결권, 구성원, 자본금 등) '1/2 이상'이 한국 국적이 아닌 법인 또는 단체 　기출 외국인 특례상 외국인의 범위에는 사원 또는 구성원의 2분의 1 이상이 대한민국 국적을 보유하고 있지 않은 법인 또는 단체도 포함된다. (○) ③ 외국법에 따라 설립된 법인 또는 단체, 외국정부, 국제기구 등
부동산 소유권	① 부동산(토지 및 건물)의 '소유권'을 취득할 때 규제된다. ② 저당권이나 지상권·전세권 등을 취득할 때에는 적용되지 아니한다. ③ 토지뿐만 아니라, 건물에 대한 소유권 취득시에도 취득신고를 하여야 한다.
취 득	처분시에는 적용되지 아니한다(즉, 취득신고할 필요가 없다).
제 한	① 허가구역에서는 허가를 받아야 하고, 그 이외의 지역에서는 신고를 하여야 한다. ② 허가를 위반하면 징역 또는 벌금형으로 처벌(2년 − 2천만원)하고, 신고의무를 위반하면 과태료로 처벌한다.

② 취득 신고제(시·군·구청장에게)

구 분		내 용	위반시
신고제	계약	① 외국인이 부동산(토지 또는 건물)에 대하여 '매매계약'을 원인으로 소유권을 취득한 경우에는 매매계약일로부터 '30일' 이내에 부동산거래 신고를 하여야 한다.	500만원 이하의 과태료
		② 외국인이 매매계약 '이외'의 '계약'(증여계약, 교환계약 등)을 원인으로 부동산(토지 또는 건물)의 소유권을 취득한 경우에는 그 계약체결일부터 '60일' 이내 외국인 취득의 신고를 하여야 한다.	300만원 이하의 과태료
	계약 외	외국인이 '계약 이외'의 원인(상속, 경매, 판결 등)으로 부동산(토지 또는 건물)의 소유권을 취득한 경우에는, 그 부동산 소유권을 취득한 날(상속은 피상속인의 사망시, 경매는 매각대금 완납시)로부터 6개월 이내에 신고하여야 한다. ① 법정환매권의 행사 ② 법원의 확정판결 ③ 법인의 합병 ④ 신축·증축·개축·재축 기출 1. 외국인이 법원경매로 토지를 취득한 경우 취득일부터 60일 이내에 시장·군수 또는 구청장에게 신고하여야 한다. (×) 2. 외국인이 법원경매로 토지취득을 한 경우, 매각결정기일로부터 6개월 이내에 시장·군수 또는 구청장에게 신고하여야 한다. (×)	100만원 이하의 과태료
	계속보유	한국인이 부동산을 소유하고 있다가, 외국인으로 국적이 변경된 후, 해당 부동산을 계속 보유하려면, 외국인으로 국적이 변경된 날로부터 6개월 이내에 계속 보유의 신고를 하여야 한다.	100만원 이하의 과태료

③ 외국인의 취득 허가제(시·군·구청장의 허가)

	취득 허가제(시·군·구청장의 사전허가)
허가 대상 지역	① 외국인 허가제 : 외국인이 토지취득계약을 체결하기 전에 "신고관청(시장·군수 또는 구청장)"의 "허가"를 받아야 한다(법 제9조 제1항). ② 외국인 전용 허가구역 : ♀key 군사, 문화, 천연, 야, 생 　⊙ (군사기지 및 군사시설 보호법) 군사시설보호구역 등 대통령령이 정하는 지역(국·군·섬 포함) 　ⓒ (문화유산법) 문화유산보호구역 　ⓒ (자연유산보존법) 천연기념물 등 보호구역 　ⓒ (야생생물보호법) 야생생물특별보호구역 　ⓒ (자연환경보전법) 생태·경관보존지역 🔔 (녹지지역 ×, 전통사찰보존지역 × 공원보호구역 × …) ＊ 군사시설보호구역에 포함되는 지역(영 제6조) "대통령령으로 정하는 지역"이란 "국방목적상 필요"한 지역으로서, 국방부장관 또는 국가정보원장의 요청이 있는 경우에 "국토교통부장관"이 관계 중앙행정기관의 장과 "협의"한 후, 중앙도시계획위원회의 "심의"를 거쳐 "고시하는 지역"을 말한다. 1. 「통합방위법」에 따른 "국가중요시설"과 그 인근지역 2. 「국방·군사시설 사업에 관한 법률」에 따른 "군부대 주둔지"와 그 인근지역 3. "섬" 지역 ♀key 국·군·섬 지역
허가 처분	① 허가처분 : 허가 신청서를 받은 신고관청은 신청서를 받은 날부터 다음의 구분에 따른 기간 안에 허가 또는 불허가 처분을 하여야 한다. 1. 법 제9조 제1항 제1호에 따른 구역·지역의 경우 : "30일"(군사시설보호구역 등) 2. 제1호 외의 구역·지역의 경우 : "15일"(문화유산보호구역, 천연기념물 등 보호구역, 야생생물특별보호구역, 생태경관보존지역) ② 부득이한 사유로 '군사시설보호구역' 등에서 '30일' 이내에 허가 또는 불허가 처분을 할 수 없는 경우에는 "30일"의 범위에서 그 기간을 연장할 수 있으며, 기간을 "연장"하는 경우에는 연장 사유와 처리예정일을 지체 없이 신청인에게 알려야 한다. <군사는 30일＋30일 이내 허가·불허가처분, 나머지 구역은 15일 이내에 허가·불허가처분>
상호 관계	① 외국인이 부동산 "거래" 신고(매매계약)를 한 경우에는 외국인 특례상의 "취득"신고는 한 것으로 본다. ② 외국인이 토지 "거래" 허가를 받은 경우에는 외국인 특례상의 "취득" 허가는 받은 것으로 본다. ③ 외국인이 외국인특례상의 취득허가를 받은 경우에는 토지거래허가를 받은 것으로 본다.

Thema 31 부동산거래신고법상의 포상금제도

① 기본 개념

(1) 시장·군수 또는 구청장은 다음의 어느 하나에 해당하는 자를 관계 행정기관이나 수사기관에 신고하거나 고발한 자에게 대통령령으로 정하는 바에 따라 포상금을 지급할 수 있다.

(2) 포상금 지급에 드는 비용은 시·군이나 구의 재원으로 충당한다(국고 보조 ×).

② 포상금제도

key 거·거·허·허·부·사·무

구 분	신고고발대상	처벌(지급요건)	포상금액
신고 위반	〈거〉 부동산 거래신고시 (거래가격 등을) 거짓으로 신고한 자	취득가액의 10% 이하의 과태료 (과태료 부과시)	부과된 과태료의 20%를 지급 (한도는 1천만원)
	〈거〉 주택임대차신고시 (거래가격 등을) 거짓으로 한 자	100만원 이하의 과태료 (과태료 부과시)	부과된 과태료의 20%를 지급
	〈허〉 거래가 없음에도 불구하고 거래가 있는 것처럼 허위·가장 신고를 한 자	3천만원 이하의 과태료 (과태료 부과시)	부과된 과태료의 20%를 지급
	〈허〉 해제가 없음에도 불구하고 해제된 것처럼 허위·가장 신고를 한 자	3천만원 이하의 과태료 (과태료 부과시)	부과된 과태료의 20%를 지급
허가 위반	〈부〉 부정한 방법으로 토지거래허가를 받은 자	2년 이하의 징역 또는 토지가액의 30% 이하의 벌금 (검사의 공소제기 또는 기소유예 결정시)	1건당 50만원
	〈무〉 무허가(허가를 받지 아니하고) 계약을 한 자	2년 이하의 징역 또는 토지가액의 30% 이하의 벌금 (검사의 공소제기 또는 기소유예 결정시)	1건당 50만원
	〈사〉 허가받은 목적대로 토지를 이용(사용)하지 아니한 자	이행명령 및 (10% 이내) 이행강제금(이행명령시)	1건당 50만원

포상금 지급 관련	① 신고서에 증거자료를 첨부하여 제출하여야 한다.
	② 신고관청 또는 허가관청은 포상금 지급신청서가 접수된 날로부터 2개월 이내에 지급하여야 한다.
	③ 다음의 경우는 포상금을 지급하지 아니할 수 있다.
	㉠ 공무원이 직무와 관련하여 발견한 사실을 신고·고발한 경우
	㉡ 해당 위반행위를 한 자이거나, 관여한 자가 신고·고발한 경우
	㉢ 익명이나 가명으로 신고·고발하여 신고인·고발인을 확인할 수 없는 경우

중개실무 관련 중개대상물 조사 · 확인

1 기본적인 사항의 조사

면 적	① 토지대장상의 면적과 토지등기사항증명서상의 면적이 서로 다른 경우에는 토지대장에 기재된 면적을 기본으로 확인 · 설명한다. **기출** 지적공부와 등기부상 토지의 지목이 다른 경우 지적공부를 기준으로 확인 · 설명해야 한다. (○) ② 개업공인중개사에게 측량의 의무는 없다. ③ 계량법상 법정단위를 사용해야 한다. ⇨ 평 × 3.3058 = 제곱미터, 제곱미터 × 0.3025 = 평
지 목	① (토지 · 임야) 대장으로 확인(지적도 · 임야도는 약어로 부호 표시) ② 차(次)문자: 공장용지, 주차장용지, 하천, 유원지는 '장', '차', '천', '원'으로 각각 표기된다. **기출** 지적도의 '주'는 주차장을 말한다. (×)
경 계	① 원칙: 지적도(도면)상의 경계에 의하여야 한다. 도면상의 경계로 소유권의 범위가 특정된다(판례). ② 예외: 지적도가 기점선택 등 원시적으로 잘못 만들어진 경우나 거래당사자의 특별한 의사표시가 있는 경우 등(특별한 경우)에는 실제 경계를 기준으로 한다.
지세 · 지형	① 지세(경사): 현장 확인으로만 가능 ② 지형(형상): 지적도 · 임야도와 현장답사

2 권리관계의 조사(권리자에 관한 사항도 포함)

등기부	① 등기부 갑구(소유권)와 을구(소유권 이외 권리)를 통하여 권리관계 확인을 하여야 한다. ② 등기부상 소유자와 실제 소유자가 다른 경우 실제 소유자와 거래계약 체결을 하여야 한다. ③ 등기부등본 '갑구'란을 조사하여 소유권에 대한 가등기 · 가압류 · 가처분 등을 확인하여야 한다. ④ **key** 동 · 순 · 별 · 접 동일 부동산의 권리순위: 동구의 경우에는 순위번호, 별구는 접수번호 순으로 확인한다.

권리의 진정성 확인	① 진정한 권리자 확인 : 등기부와 주민등록증 등(등기필증 소지 여부, 재산세납부 여부 등)을 통하여 확인하여야 한다. ② 공유 : 소유권의 공유관계시 확인사항 　㉠ 공유물의 보존행위(각자), 관리방법의 결정(지분의 과반수로 결정), 처분행위(지분의 처분은 자유, 공유물 자체의 처분은 전원의 동의), 사용 · 수익(지분의 비율대로) 　㉡ (판례) 상가건물이 공유인 경우, 임차인의 계약갱신요구에 대한 거절은 '관리행위'에 해당하므로 '지분의 과반수'로 결정한다. ③ 유치권 : '보증금'이나 '권리금', '매매대금'(부속물매수청구권이나 지상물매수청구권의 행사로 인한 매매도 포함)에 대하여는 유치권을 행사할 수 '없다'. 경매개시결정등기(압류) '이후'의 유치권은 낙찰자에게 대항할 수 '없다'. ④ 법정지상권[「민법」 제305조(전세권 '설정자'에게 지상권을 설정한 것으로 본다), 제366조(저당권실행으로 인하여 성립한 법정지상권), 「가등기담보 등에 관한 법률」 제10조, 입목법 제6조, 관습법상 법정지상권(건물 철거 특약이 없는 경우)] 　㉠ 〈공 · 철 · 신 ×〉 토지와 건물을 '공동저당'을 설정한 후, 건물이 '철거'되고, '신축'된 경우에는 법정지상권이 인정되지 아니한다. 　　기출 동일인 소유의 토지와 그 지상건물에 관하여 공동저당이 설정된 후, 그 후 그 건물이 철거되고 다른 건물이 신축된 경우, 저당물의 경매로 인하여 토지와 신축건물이 서로 다른 소유자에게 속하게 되면, 법정지상권이 성립한다. (×) 　㉡ 〈나대지 ×〉 '건물이 없는 대지(나대지)'에 저당권 설정 후 건물이 신축된 경우에도 법정지상권은 인정되지 아니한다. 　　기출 토지(나대지)에 저당권이 설정된 후 토지소유자가 그 위에 건물을 건축하였다가 경매로 인하여 그 토지와 지상건물의 소유가 달라진 경우 토지소유자는 법정지상권을 취득한다. (×) 　㉢ 〈미 · 대 · 함께 양수 ×〉 '미등기 건물'과 '대지'를 '함께 양수'한 경우, 법정지상권이 인정되지 아니한다. 　　기출 미등기 건물을 그 대지와 함께 양수한 사람이 그 대지에 관하여서만 소유권이전등기를 넘겨받고 건물에 대하여는 그 등기를 이전 받지 못하고 있는 상태에서 그 대지가 경매되어 소유자가 달라진 경우에는, 법정지상권이 발생된다. (×) 　㉣ 건물의 소유자는 건물과 법정지상권 중 어느 하나 만을 처분하는 것도 가능하다. ⑤ '근저당권'의 경우 '채권최고액'만 확인 · 설명하면 된다.

③ 공법상의 이용제한 및 거래규제의 확인

조사 · 확인	① 용도지역 · 지구 · 구역 등 : 주로 토지이용계획확인서를 기준으로 확인한다. ② 기타 : 부동산종합정보망 등을 통하여 확인한다. ③ 건폐율 '상한' 및 용적률 '상한' : 시 · 군 조례를 통하여 조사한다.

분묘기지권 및 장사법

① (민법상의) 분묘기지권

의 의	분묘기지권이란, 타인 토지에 분묘를 설치한 자가 일정한 요건을 갖춘 경우, 분묘의 보존을 위하여 타인 토지를 계속적으로 사용·수익할 수 있는 지상권에 유사한 일종의 물권이며, 등기 없이 이를 제3자에 대항할 수 있다(대판 4290민상539).
성립요건	① 다음의 하나를 갖추어야 한다. ♀key 시·승·자＋봉·유 　　㉠ 〈시〉 시효취득 20년 이상을 한 경우 　　㉡ 〈승〉 토지소유자의 승낙을 얻어 분묘를 설치할 경우 　　㉢ 〈자〉 자기 소유의 토지에 분묘를 설치한 자가 후에 그 분묘에 대한 철거나 이장 등의 특약 없이 토지를 매매 등으로 처분한 때 ② 〈봉〉 봉분이 있어야 한다(암장 ×, 평장 ×). ③ 〈유〉 유골이 있어야 한다(가묘 ×). **기출** 1. 평장 또는 암장되어 객관적으로 분묘의 존재를 인식할 수 있는 외형(봉분)을 갖추지 않으면, 분묘기지권이 인정되지 아니한다. (○) 　　　2. 외형상 분묘의 형태만 갖추었을 뿐, 시신이 안장되어 있지 아니한 경우(가묘)에는 분묘기지권이 인정되지 아니한다. (○)
인정범위	① 시간적 범위 : 분묘의 수호와 봉사(봉제사)를 계속하며 그 분묘가 존속하는 한 계속 존속한다. ② 장소적 범위 : 분묘의 수호 및 제사에 필요한 주위의 공지(빈 땅)를 포함한다(사성이 기준 ×). 공지의 범위는 "개별적"으로 구체적으로 결정한다(판례). **기출** 분묘가 멸실된 경우, 유골이 존재하여 분묘의 원상회복이 가능한 정도의 일시적인 멸실에 불과하더라도 분묘기지권은 소멸한다. (×)
권 리	① 타인의 토지를 사용할 수 있는 물권을 취득한다(물권적 청구권 인정). **기출** 토지소유자의 설치승낙을 받아 분묘를 설치한 경우에는 분묘의 설치자는 사용대차에 따른 차주의 권리를 취득한다. (×) ② 기존의 분묘 외에 새로운 분묘를 신설할 권능은 인정되지 않는다(합장 ×, 쌍분 ×). **기출** 분묘기지권의 효력이 미치는 범위 내에서 기존의 분묘에 단분(單墳)형태로 합장(合葬)하여 새로운 분묘를 설치하는 것은 허용되지 않는다. (○) ③ '토지'에 대해서는 '타주점유'이므로 토지에 대한 점유취득시효는 인정되지 아니한다(판례).

지료지급 의무	① 〈약정〉 약정으로 지료와 존속기간을 결정할 수 있다. ② 〈시효형〉 분묘기지권을 시효로 취득하였더라도, 분묘기지권자는 토지 소유자가 분묘기지에 관한 지료를 청구하면 그 '청구한 날'부터의 '지료'를 지급할 의무가 '있다'고 보아야 한다(대판 2017다228007). 〈시효취득 − 청구시〉 ③ 〈자기처분형〉 자기소유의 토지에 분묘를 설치한 후, 분묘에 대한 철거나 이장의 특약 없이, 토지만 처분한 경우에 성립된 분묘기지권에 대하여는 분묘기지권이 '성립시'부터 지료지급의무가 발생한다(판례). 〈자기 처분형 − 성립시〉

2 장사 등에 관한 법률(2001. 1. 13. 이후 설치된 분묘부터 적용)

영구적인 분묘기지권을 방지하고, 무분별한 매장을 방지하며, 화장·봉안의 문화를 유도하기 위하여 제정한 법이다.

사설묘지		개인묘지 (배우자 포함)	가족묘지 (민법상의 친족)	종중·문중묘지	법인묘지 (재단법인이 조성)
신고, 허가 (시·군· 구청장)		매장 후 '30일' 이내에 사후신고	① 사전허가(시·군·구청장)를 받아야 한다. ② 허가를 받으면 입목 벌채 등의 허가가 있는 것으로 본다.		
묘지 1기		30m² 이하	1기당 10m² 초과 금지 (합장시 15m² 초과 금지)		
전체면적		30m² 이하	100m² 이하	1,000m² 이하	10만m² 이상
분묘 형태	봉분	높이 1m 초과 금지			
	평분	높이 50cm 초과 금지			
설치기간		① 30년[단, 30년 1회에 한해서 연장가능(분묘의 최장 존속 기간은 60년)]으로 한다. ② 설치 기간 종료 후 '1년' 이내에 철거하여, 화장 또는 납골하여야 한다.			
분묘기지권의 제한		① 타인의 토지에 '승낙 없이' '분묘'를 설치한 분묘의 연고자는 해당 토지 소유자·묘지 설치자 또는 연고자에 대하여 토지 사용권이나 기타 분묘의 보존을 위한 권리를 주장할 수 없다. ② 토지소유자의 '승낙 없이' 타인 소유의 토지에 '자연장'을 한 자는 토지소유자에 대하여 시효취득을 이유로 자연장의 보존을 위한 권리를 주장할 수 없다. ③ 즉, 장사법 시행 이후부터는 시효로 인한 분묘기지권의 취득이 인정되지 않는다.			

자연장지	① 분골하여 흙과 섞어서 묻어야 한다. 용기는 생화학적으로 자연분해 가능하여야 한다. 유품을 함께 묻어서는 안 된다. ② 자연장지의 설치기준 ㉠ 개인자연장지: 사후신고, 30m² '미만' ㉡ 가족자연장지: 사전신고, 100m² '미만' ㉢ 종중·문중자연장지: 사전신고, 2,000m² 이하 ㉣ 법인자연장지: 사전허가, 5만m² 이상(종교단체자연장지: 4만m² 이하)

기출 1. 장사법에 의하면, 개인묘지의 분묘 1기 및 시설물의 점유면적은 30m²를 초과하여서는 아니 된다. (○)

2. 공설묘지, 가족묘지, 종중·문중묘지 안의 분묘 1기 및 해당 분묘의 상석·비석 등 시설물의 설치구역의 면적은 10㎡(합장의 경우 15㎡)를 초과하여서는 아니 된다. (○)

3. 장사법에서 설치면적과 설치기간의 규정을 위반한 경우에는 1년 이하의 징역 또는 1천만원 이하의 벌금형에 처한다. (○)

묘지 종류	신고 / 허가	자연장지 종류	신고 / 허가
개인묘지	사후신고	개인자연장지	사후신고
가족묘지	사전허가	가족자연장지	사전신고
종중·문중묘지	사전허가	종중·문중자연장지	사전신고
법인묘지	사전허가	법인자연장지	사전허가

주의

1. **매장신고**: 매장을 한 자는 매장 후 "30일" 이내에 매장지를 관할하는 시장 등에게 신고하여야 한다.

2. **설치제한지역**
 ㉠ 개인묘지와 가족묘지는 도로·철도·하천으로부터 200m 이상(법인묘지 등은 300m 이상), 20호 이상의 인가·학교·공중장소로부터 300m 이상(법인묘지 등은 500m 이상) 떨어져 설치하여야 한다.
 ㉡ 주거지역·상업지역·공업지역·녹지지역 중 대통령령으로 정하는 지역, 상수원보호구역, 하천구역, 수변구역, 접도구역, 농업진흥지역, 문화재보호구역, 사방지, 군사시설 보호구역, 붕괴·침수 우려가 있는 지역 등에는 원칙적으로 설치할 수 없다.

3. **개장의 절차**: 타인의 토지 등에 설치된 분묘는 토지소유자 등이 시장·군수·구청장의 '허가'를 받아 "개장"할 수 있다.

4. 허가를 받아 개장을 하고자 하는 때에는 미리 '3개월 이상'의 기간을 정하여 그 뜻을 해당 분묘 설치자 등에게 통보(무연분묘는 공고)하여야 한다.

농지취득자격증명제

경자 유전 원칙	① 소유제한 : 경자유전의 원칙 − 농지는 자기의 농업경영에 이용하거나 이용할 자가 아니면, 소유하지 못함이 원칙이다.
	② 비(非)농업인의 소유 상한제(농업인은 소유상한 없음) : 농어촌공사 위탁시에는 무제한 소유 가능
	  ⊙ 1만㎡ 이내
	    ⓐ 상속에 의하여 농지를 취득한 자로서 농업경영을 하지 아니하는 자 : 1만㎡ 이내 소유
	    ⓑ 8년 이상 농업경영을 한 후 이농하는 자 : 1만㎡ 이내 소유
	  ⓛ 1천㎡ 미만 : 주말·체험영농자(세대 전원의 총면적)

농지 취득 자격 증명	① 발급자 : 농지 소재지를 관할하는 시·구·읍·면장(시·군·구청장 ×) ② 농지취득자격증명의 면제 : ⊙ '국가'나 지자체가 소유하는 경우, ⓛ '상속'으로 취득하는 경우, ⓒ 담보농지의 취득, ⓔ 농지전용 '협의'가 완료된 농지를 취득하는 경우, ⓜ 공유농지를 '분할'하는 경우, ⓗ 농업법인이 '합병'하는 경우, ⓢ '시효'로 취득하는 경우, ⓞ '도시지역' 내 주거·상업·공업지역 내의 농지·녹지지역 중 도시계획사업에 필요한 농지, ⓩ 토지거래 '허가'를 받은 경우 등에는 농지취득자격증명이 없어도 농지를 취득할 수 있다. ③ 농지취득자격증명의 발급 「농지법」 제8조 【농지취득자격증명의 발급】 ① 농지를 취득하려는 자는 농지 소재지를 관할하는 시장(구를 두지 아니한 시의 시장을 말하며, 도농 복합 형태의 시는 농지 소재지가 동지역인 경우만을 말한다), 구청장(도농 복합 형태의 시의 구에서는 농지 소재지가 동지역인 경우만을 말한다), 읍장 또는 면장(이하 "시·구·읍·면의 장"이라 한다)에게서 농지취득자격증명을 발급받아야 한다. (중략) ② 제1항에 따른 농지취득자격증명을 발급받으려는 자는 "농업경영계획서" 또는 "주말·체험영농계획서"를 작성하고 농림축산식품부령으로 정하는 서류를 첨부하여 농지 소재지를 관할하는 "시·구·읍·면"의 장에게 발급신청을 하여야 한다. 다만, 제6조 제2항 제2호·제7호·제9호·제9호의2 또는 제10호 바목에 따라 농지를 취득하는 자는 농업경영계획서를 작성하지 아니하고 발급신청을 할 수 있다. ③ 시·구·읍·면의 장은 농지 "투기가 성행하거나 성행할 우려가 있는 지역"의 농지를 취득하려는 자 등 농림축산식품부령으로 정하는 자가 농지취득자격증명 발급을 신청한 경우 제44조에 따른 "농지위원회"의 "심의"를 거쳐야 한다.

<table>
<tr><td></td><td>

④ 시·구·읍·면의 장은 제1항에 따른 농지취득자격증명의 발급 신청을 받은 때에는 그 신청을 받은 날부터 "7일"(제2항 단서에 따라 농업경영계획서를 작성하지 아니하고 농지취득자격증명의 발급신청을 할 수 있는 경우에는 "4일", 제3항에 따른 농지위원회의 심의 대상의 경우에는 "14일") 이내에 신청인에게 농지취득자격증명을 발급하여야 한다.
⑥ 제1항 본문과 제2항에 따라 농지취득자격증명을 발급받아 농지를 취득하는 자가 그 "소유권에 관한 등기"를 신청할 때에는 농지취득자격증명을 첨부하여야 한다.
제8조의2 【농업경영계획서 등의 보존기간】 ① 시·구·읍·면의 장은 제8조 제2항에 따라 제출되는 농업경영계획서를 "10년"간 보존하여야 한다.

</td></tr>
<tr><td></td><td>

④ 농지취득자격증명원은 농지에 대하여 소유권이전등기를 신청할 때 첨부해야 할 '첨부서류'이며, 농지에 대한 매매계약의 효력발생요건은 아니다.
기출 농지취득자격증명은 매매계약의 효력발생요건이다. (×)
⑤ 농지를 취득하려는 자가 농지에 관하여 소유권이전등기를 마쳤다고 하더라도, 농지취득자격증명을 발급받지 못한 이상 그 소유권을 취득하지 못한다(판례).
⑥ 농지를 취득하려는 자가 매매계약 등으로 농지에 관한 소유권이전등기청구권을 취득하였다면, 농지취득자격증명 발급신청권을 보유하게 된다. 농지취득자격증명발급신청권은 채권자대위권의 행사대상이 될 수 있다(판례).
⑦ 특례: 다음의 경우에는 농업경영계획서가 없어도 농지취득자격증명이 발급된다.
  ㉠ 연구·실습지 목적으로 농지를 취득하는 경우
  ㉡ 농지전용허가를 받거나 전용신고를 한 자가 해당 농지를 소유하는 경우
기출 주말·체험영농의 목적인 경우에도 농업진흥지역 외의 농지를 소유하는 농지취득자격증명을 발급 받을 필요가 없다. (×)
⑧ 법원경매·공매로 농지를 취득하는 경우와, 법원판결로 농지를 취득하는 경우에도 농지취득자격증명이 있어야 한다. 법원경매는 "매각결정기일"까지 농지취득자격증명을 제출하여야 매각허가결정을 받을 수 있다(매각기일 ×).

</td></tr>
<tr><td>주말·체험영농</td><td>

① 세대별(총면적)로 1,000m² 미만의 농지를 소유할 수 있다.
② 농지취득자격증명이 필요하다(주말·체험영농계획서를 작성하여 제출하여야 함).
③ 법인의 경우에는 주말·체험영농 목적의 농지취득이 제한된다(개인에 한하여 주말농장 소유가 가능).
④ 분산 취득이 가능하며, 거주지 제한이나 통작 거리의 제한이 없다.
⑤ 농업진흥지역에서는 주말·체험영농을 목적으로 농지를 취득할 수 없다.

</td></tr>
<tr><td>농지임대차</td><td>

① 임대차 계약은 '서면계약'을 원칙으로 한다.
② 임대차 계약은 그 등기가 없는 경우에도 임차인이 농지소재지를 관할하는 시·구·읍·면의 장의 확인을 받고, 해당 농지를 인도 받은 경우에는 그 '다음 날'부터 제3자에 대하여 효력(대항력)이 생긴다.
③ 임대차 기간은 원칙적으로 '3년 이상'으로 한다. 임대차 기간을 정하지 아니하거나 3년보다 짧은 경우에는 3년으로 약정된 것으로 본다. 다만, 다년생 식물 재배지, 고정식 온실, 비닐하우스 등 대통령령으로 정하는 경우는 '5년' 이상으로 하여야 한다.
④ 임대 농지의 양수인(양수인)은 이 법에 따른 임대인의 지위를 승계한 것으로 본다.

</td></tr>
</table>

Thema 35 부동산거래계약 전자시스템[전자계약]

거래계약의 체결을 서면(종이)계약서를 통하여 작성하는 것이 아니라, 부동산거래계약 전자시스템을 통하여 전자계약을 함으로써, 효율적이고 편리하며 안정적인 부동산거래계약을 위한 제도이다.

운 영	① 운영주체 : '국토교통부장관'이며, 한국부동산원에 위탁한다. ② 개업공인중개사는 사전준비로서 회원가입과 공인인증서를 미리 등록하여야 한다. ③ 전자계약 절차 : 개업공인중개사가 전자계약서와 전자확인·설명서를 작성 ⇨ 거래당사자들이 전자서명 ⇨ 개업공인중개사 전자서명 ⇨ 실거래가 자동 신고 및 확정일자 자동 부여 ⇨ 국토교통부 타임스탬프로 종결
장 점	① 전자계약 체결시에는 부동산 거래신고(실거래가 신고)를 한 것으로 '본다'. ② 전자시스템으로 거래계약을 해제하면, 부동산거래해제신고를 한 것으로 '본다'. ③ 전자계약 체결시에는 임대차 '확정일자'가 자동으로 부여된다. ④ 공인전자문서센터에 전자계약서와 전자확인·설명서가 자동보관되므로, 개업공인중개사는 개별적으로 보존할 필요가 '없다'. ⑤ 경제적(대출시 우대금리, 등기수수료 할인 등)이며, 편리하고(도장 없이 계약 가능 등), 안전하다(신분확인 철저 등). ⑥ 무등록 중개업을 방지할 수 있다(무등록 일반인은 회원가입 불가). ⑦ 비대면 계약이 가능하다.

구 분	「부동산등기 특별조치법」
검인 제도	① 토지와 건물에 대하여, "(계약)"을 원인으로 "(소유권)" "(이전등기)"를 신청하는 경우에는 그 계약서에 시·군·구청장의 "검인"(檢印)을 받은 "검인계약서"를 등기소에 제출하여야 한다. ♀key 검인: 계·소·리 ② "부동산거래신고"를 하고 신고필증을 받은 경우에는 매매계약서에 검인을 (받은 것으로 본다). ③ "토지거래허가"를 받아 허가증을 받은 경우에는 매매계약서에 검인을 (받은 것으로 본다).

구 분	「부동산 실권리자명의 등기에 관한 법률」
적용 범위	누구든지 부동산에 대한 "물권등기"(소유권이전등기, 보존등기, 지상권설정등기 등)를 할 때에는 "실명"으로 등기를 하여야 하며, 타인의 명의를 차용하면 안 된다.
3무효 원칙	① 명의신탁 약정은 (무효) ② 약정에 기한 등기는 (무효) ③ 물권변동도 (무효) 🔔 다만, 배우자·종중·종교단체는 불법목적이 아닌 한, 명의신탁 약정은 유효하고, 계약명의신탁에서 매도인이 선의인 경우, 수탁자의 등기는 유효, 물권변동도 유효 (명의신탁약정은 무효).
주요 판례	① 명의신탁약정은 그 자체로서 선량한 풍속 기타 사회질서(「민법」 제103조)에 위반하는 약정이라 볼 수 "없다"(판례). ② 명의수탁자 명의로 등기를 하였다는 이유만으로 그것이 당연히 "불법원인급여"(「민법」 제746조)에 해당한다고 볼 수는 "없다"(판례).

유형별 내용

① 2자 간 등기명의신탁(양자 간, 이전형)

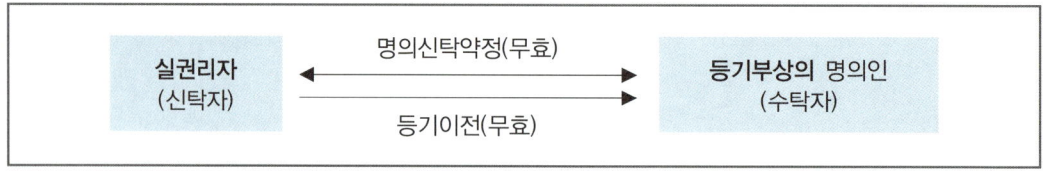

ㄱ 명의신탁자가 실체적 거래 "없이", 등기명의만 명의수탁자에게 이전해 두는 형태이다.
ㄴ 신탁자와 수탁자 간 약정은 "무효", 등기 "무효", 물권변동 "무효" ⇨ 소유권은 "명의신탁자"에게 여전히 귀속된다(명의신탁자와 명의수탁자는 처벌된다).
ㄷ 명의신탁자는 명의수탁자의 무효등기를 말소청구하거나, 진정명의회복을 원인으로 소유권이전등기를 청구할 수 있다(소유권에 기한 물권적 방해제거 청구).

  ㉣ 수탁자가 제3자에게 처분시, "제3자"는 선의·악의를 불문하고 권리를 취득한다. 신탁자는 제3자
  에게 대항할 수 없다.

  ㉤ 수탁자가 수탁재산을 임의로 처분하더라도 형사상 횡령죄로 처벌되지는 아니한다.

② 3자 간 등기명의신탁(중간생략형)

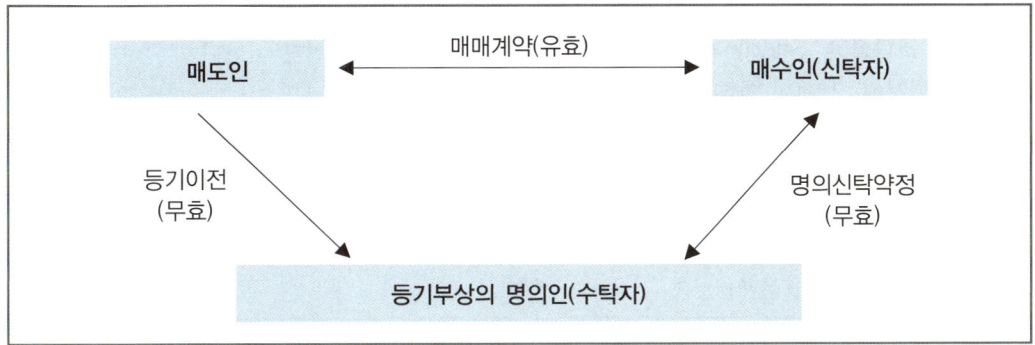

  ㉠ 명의신탁자가 매도인과 직접거래를 하고, 등기명의만을 명의수탁자의 이름으로 받아두는 형태이다.

  ㉡ 신탁자와 수탁자 간 약정은 "무효", 등기 "무효", 물권변동 "무효" ⇨ 소유권은 여전히 "매도인"
  에게 귀속된다(신탁자는 수탁자 등기의 무효등기 말소청구를 "대위" 행사한 후, 소유권이전등기
  청구를 할 수 "있다").

  ㉢ 수탁자가 제3자에게 처분시, "제3자"는 선의·악의를 불문하고 권리를 취득한다. 신탁자는 제3자
  에게 대항할 수 없다.

  ㉣ 수탁자가 수탁재산을 임의로 처분하더라도 형사상 횡령죄로 처벌되지 아니한다.

  ㉤ 수탁자가 수탁재산을 임의로 처분한 경우, 형사상 횡령죄로 처벌되지 않더라도, 이는 명의신탁
  자의 채권인 소유권이전등기청구권을 침해하는 행위로써, 「민법」 제750조에 따라 "불법행위"에
  해당하여, 명의수탁자는 명의신탁자에게 손해배상책임을 질 수 있다(판례).

  ㉥ 명의수탁자가 임의로 "처분"하여 제3자가 권리를 취득한 경우, 명의신탁자는 명의수탁자를 상대
  로 "부당이득"반환을 청구할 수 있다(판례).

  ㉦ 명의수탁자가 자의(自意)로 명의신탁자에게 바로 소유권이전등기를 경료해 준 경우, 그 등기는
  유효하다(판례).

③ 계약 명의신탁(위임형)

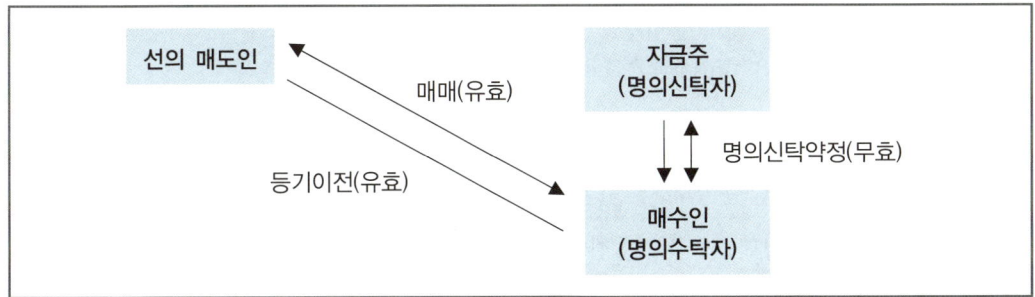

  ㉠ 계약명의신탁자가 "은닉"하여 계약명의수탁자에게 매수 "자금"을 지원하고, "명의수탁자"가 대
  신 수탁자 자신의 명의로 계약을 하고 등기를 받아두는 형태이다.

  ㉡ 명의신탁자와 수탁자 사이의 명의신탁약정은 "무효"이다.

ⓒ "매도인"이 "선의"의 경우 수탁자의 등기는 "유효"하고, 물권변동도 "유효"하다. 그러므로 소유권은 "명의수탁자"에게 이전하게 된다.

ⓔ 명의신탁자는 지원한 매수자금에 대하여 부당이득반환청구는 할 수 있으나, 부동산의 소유권이전을 청구할 수 없다.

ⓜ 명의수탁자가 제3자에게 처분시, 제3자는 선의 · 악의를 불문하고 소유권을 취득한다.

ⓗ 명의수탁자가 수탁재산을 임의로 처분하더라도 형사상 횡령죄로 처벌되지는 아니한다.

ⓢ "법원경매" 물건의 경우에는 매도인의 선의 · 악의 관계없이 명의수탁자(입찰명의자)가 소유자가 된다.

ⓞ 명의수탁자가 임의로(자의로) 명의신탁자에게 소유권이전등기를 한 경우, 그 등기는 유효하고, 부당이득반환을 부동산으로 대물(代物)반환 할 수도 있다(판례).

ⓩ 명의신탁자가 목적물을 점유하고 있더라도 부당이득(매수자금)반환 청구권에 대한 유치권은 성립되지 아니한다(판례).

배우자
특례
(유효)
	① 원칙 : 명의신탁 금지
	② 예외(특례) : ♀key 배 · 종 · 종 배우자(법률혼), 종중(종중재산을 종중 이외의 자의 명의로 등기), 종교단체(산하 조직의 부동산을 종교단체명의로 등기) (탈세, 탈법, 강제집행면탈을 목적으로 하지 않는 이상, 명의신탁약정은 "유효"하고, 소유권이전등기도 "유효"하다)
	  ㉠ 수탁자는 "대외적" 소유권을 취득한다("대내적" 소유권은 신탁자에게 인정된다).
	  ㉡ "제3자"에 대한 물권적 방해제거청구권은 "수탁자"에게 있다(판례). (신탁자는 대위행사만 가능하고 직접 제3자에게 행사할 수는 없다)
	  ㉢ 신탁자는 "유효"한 명의신탁약정을 "해지"하고, 소유권 "이전"등기를 청구할 수 있다.
	  ㉣ 제3자가 명의수탁자의 배신행위에 "적극 가담"한 경우에는 명의수탁자와 제3자 사이의 계약은 반사회적인 법률행위로서 "무효"이다(판례).

제 외	*「부동산실명법」 적용 제외 : ♀key 양 · 가 · 구 · 신 양도담보, 가등기담보, 구분소유자의 공유등기, 신탁등기는 명의신탁이 "아니다".

벌 칙	① 명의신탁자에 대한 과징금 : 부동산 평가액 30% 범위 내
	② 이행강제금
	  ㉠ 1차 : 과징금 부과일로부터 1년 경과시에도 실명등기 하지 아니한 경우(부동산평가액의 10%)
	  ㉡ 2차 : 다시 1년 경과시 (부동산평가액의 20%)
	③ 벌칙
	  ㉠ 신탁자 – 5년 이하의 징역 또는 2억원 이하의 벌금 ♀key 신 · 오 · 이
	  ㉡ 수탁자 – 3년 이하의 징역 또는 1억원 이하의 벌금 ♀key 수 · 삼 · 한뿌리

장기 미등기	쌍무계약에서 반대급부가 이행된 날로부터 "3년"이 경과되도록 소유권이전등기를 신청하지 아니한 자는 5년 이하의 징역 또는 2억원 이하의 벌금에 처한다(과징금 + 이행강제금 부과도 한다).

주택임대차보호법

임차권은 본질적으로 채권에 불과하므로 주택임차인과 상가건물임차인이 소유권(물권)자가 변동될 때 새로운 소유권자에게 대항할 수 없어 주거생활과 경제생활의 안정을 이루지 못하였다. 이에 1981년 「주택임대차보호법」이 제정되고, 2001년 「상가건물 임대차보호법」을 제정하여, 일정한 요건만 갖추면 물권(物權)처럼 대항력과 우선적 효력(우선변제권) 등을 인정하며 임차인을 보호하게 되었다.

구 분	「주택임대차보호법」
목 적	국민주거생활의 안정
적용 범위	① 주거용 건물의 임대차에 적용된다. ② 사실상의 주된 용도가 주거용이면 적용된다(공부가 기준 ×, 일부용도가 다른 용도 ○, 미등기 · 무허가건물 ○, 미등기 전세 ○). ③ 법인은 보호되지 않는다(다만, 토지주택공사, 지방공사, 중소기업은 인정)(외국인 ○). ④ 일시사용을 위한 임대차는 적용되지 않는다. **기출** 1. 「주택임대차보호법」은 일시 사용을 위한 임대차임이 명백한 경우에도 적용한다. (×) 　　2. 주택공사, 지방공사, 중소기업은 「주택임대차보호법」에 의한 보호를 받는다. (○) 　　3. 대기업인 주식회사의 법인이 주택을 임차하면서 그 소속직원의 명의로 주민등록을 하고 확정일자를 구비한 경우에도 「주택임대차보호법」이 적용된다. (×) 　　4. 서울특별시에서 환산보증금이 9억원을 초과하는 경우, 상가건물 임차인의 계약갱신요구권은 인정되지 아니한다. (×) 　　5. 서울특별시에서 환산보증금이 9억원을 초과하는 경우, 상가건물 임차인의 권리금 보호 규정은 적용되지 아니한다. (×)
계약 기간 (존속 기간)	〈2년 보장〉 ① 기간의 미정 및 2년 미만 약정시: 2년 보장, '임차인'은 2년 미만을 주장할 수도 있다. ② 임대차가 종료한 경우에도 보증금을 반환받을 때까지는 임대차 존속하는 것으로 본다. **기출** 1. 임대차가 종료한 경우에도 임차인이 보증금을 반환받을 때까지는 임대차 관계가 존속하는 것으로 본다. (○) 　　2. 임차 기간이 만료되었음에도 보증금을 반환받지 못한 임차인은 해당 건물을 계속 사용할 수 있으나, 차임은 지불하여야 한다. (○) 　　3. 주택의 임대차 계약 기간을 1년으로 정한 경우, 임대인이 2년을 주장하여도 임차인은 1년으로 항변할 수 있다. (○)

계약의 갱신	〈임차인의 계약갱신요구권〉 ① 임차인은 기간만료 전 6개월부터 2개월 사이에 계약갱신을 요구할 수 있고, 임대인은 정당한 사유 없이 거절이 불가하다(정당한 사유: 임차인이 '2기'의 차임을 연체, 임대인의 '실제 거주'를 목적으로 하는 경우, 고의·중과실로 임차건물의 파손, 무단 전대차 등). ② '1회에 한하여' 갱신할 수 있다(갱신기간은 2년). ③ 갱신기간 내에는 임대인은 2년을 보장하여야 하며, 임차인은 언제라도 해지를 통지할 수 있다(해지통지가 도달된 날로부터 3개월 후 해지). ④ 임대인이 실제 거주 목적을 이유로 임차인의 갱신을 거절한 후, 다른 임차인에게 임대를 한 경우에는 손해를 배상하여야 한다(3개월분의 환산 월차임, 2년간의 증액 이익, 임차인의 손해액 중에서 가장 '높은' 것으로 배상하여야 한다). 〈묵시적 갱신(= 법정갱신)〉 ① 임대인이 계약종료 6개월부터 2개월 전까지 갱신거절의 통지를 하지 않고, 임차인이 계약종료 2개월 전까지 계약종료통지를 하지 않은 경우, 종전 계약과 동일한 조건으로 법정갱신된다. ② 기간은 2년을 보장한다(임차인은 해지통보 가능 ⇨ 임대인이 해지통보를 받은 날로부터 3개월 후 해지). ③ 임차인이 '2기'의 차임액을 연체, 또는 임차인의 의무를 현저히 위반 ⇨ 법정갱신이 인정되지 않는다. **기출** 「주택임대차보호법」에 따라 임대차 계약이 묵시적으로 갱신된 경우 '임차인'은 임대차 계약의 존속기간이 2년이라고 주장할 수 있다. (○)
대항력	대항요건 = 주택의 인도 + 주민등록(전입신고) ① 전입신고: 주민센터 ② '익일' 오전 0시부터 대항력 발생 **기출** 1. 다가구용 단독주택을 임차하여 대항력을 취득한 후에 그 주택이 다세대주택으로 변경된 사정만으로는 임차인의 대항력이 상실하는 것은 아니다. (○) 2. 임차인 본인은 전입신고를 하지 않더라도 처와 자녀만 주민등록 전입신고를 하고 주택을 인도 받으면 대항력을 취득할 수 있다. (○) 3. 대항력을 유지하기 위한 요건으로서 주민등록은 임차인뿐만 아니라 그 자녀의 주민등록도 유효하다. (○) 4. 2024년 9월 5일에 주택의 인도와 주민등록을 마친 임차인에게 대항력이 생기는 때는 2024년 9월 6일 오전 0시이다. (○) 5. '대항력'과 우선변제권을 겸유하고 있는 임차인이 우선 우선변제권을 주장하였으나, 배당순위가 늦은 까닭으로 보증금 전액을 배당받을 수 없었던 때에는 나머지 금액에 대하여 경락인에게 임대차의 존속을 주장할 수 있다. (○) 6. 임차인이 전입신고를 올바르게 하고 입주했으나, 공무원이 착오로 지번을 잘못 기재하였다면 정정될 때까지 대항력이 생기지 않는다. (×)

경매 신청	① 임차보증금에 대하여, 임차권에 기해 "(임의)경매신청권"은 없다. ② 판결문 등의 "집행권원"에 기한 "강제경매신청"은 가능하다. 🔔 임차주택에 대하여 경매를 신청하는 경우에는 반대의무의 이행이나 이행의 제공을 집행개시의 요건으로 하지 않는다.
경매 배당	* 임차인의 배당금 수령 요건 : 임차인은 임차건물을 양수인(낙찰자, 경락자, 매수인)에게 "인도"하지 아니하면 "보증금"을 (배당) 받을 수 없다(즉, **법원에서 배당을 받을 때에는 낙찰자에게는 먼저 비워주어야 한다**. 경매는 낙찰자를 우선적으로 보호한다).
우선 변제권	① 대항요건 + (임대차계약서) 확정일자 ② 확정일자 : 주민센터, 공증인사무소, 등기소 ③ 후순위 물권보다 먼저 배당 기출 1. 임차인이 주택의 인도와 주민등록을 마치고 확정일자까지 갖춘 경우, 「민사집행법」에 의해 경매가 행하여지면 후순위 저당권자보다 우선하여 보증금을 변제받을 수 있다. (○) 　　 2. 임차인이 전입신고를 하고 확정일자를 받은 일자와 저당권자의 설정등기일이 같은 경우 임차인이 우선한다. (×) 　　 3. 2020년 10월 9일 확정일자를 갖추고 동년 10월 10일 주택의 인도와 주민등록 전입신고를 한 주택임차인의 경우 경매에서 우선변제권 발생일은 10월 10일로 보아야 한다. (×)
승계와 정보	① 우선변제권의 승계 : "금융기관" 등이 우선변제권을 취득한 임차인의 보증금반환채권을 계약으로 양수한 경우에는 양수한 금액의 범위에서 우선변제권을 "승계"한다. ② 정보요청권 　㉠ 주택・상가건물 임대차에 이해관계가 있는 자는 확정일자 부여기관에 해당 주택・상가건물의 "정보"의 제공을 요청할 수 있다. 　㉡ 정보요청을 받은 기관은 정당한 사유 없이 이를 거부할 수 없다. ③ 신규임차인의 정보요청권 : (주택・상가건물)임대차계약을 체결하려는 자(신규 임차인)는 "임대인의 동의"를 받아, 확정일자 부여기관에 정보제공을 요청할 수 있다.
최우선 변제권	1. 의의 : (**경매 배당시**) "**선순위**" 물권보다 더 먼저 (**최우선**)배당을 해 준다. 2. 요건 : 대항요건 + 소액보증금(보증금의 일정액보호) 　① 소액보증금(2023년 2월 21일 이후 저당권설정, 서울특별시) : 1억 6천 5백만원 이하의 경우 5천 5백만원 한도까지 최우선변제. 　② 주택가액(배당금액)의 '1/2 범위 내'에서 가능하다. 기출 1. 확정일자를 받아야 소액임차인은 최우선변제권을 행사할 수 있다. (×) 　　 2. 주택의 경우 소액임차인의 최우선변제권은 대지가액을 포함한 주택가액의 3분의 1의 범위 내에서만 인정된다. (×) 　　 3. 소액임차인으로서, 대항요건만 갖추면 어떠한 경우에도 소액보증금 전부를 최우선적으로 변제받을 수 있다. (×)

임차권 등기 명령 신청 제도	〈주택임대차 · 상가건물 임대차 모두 적용〉 * 계약이 "종료"되었으나, 임대인의 보증금(일부나 전부)을 반환하지 아니한 경우 (임차인의 거주 · 이전의 자유를 보장하기 위함) * 임차인 "단독"으로 "지방법원(지원, 시 · 군법원)"에 청구할 수 있다(등기명령의 신청과 등기 관련 비용은 "임대인"에게 청구할 수 있다). ① 등기 후 효력: 임차인은 임차권등기명령의 집행에 따른 임차권 "등기"를 마치면, 대항력과 우선변제권을 "취득"한다. 다만, 이미 취득한 경우에는 그대로 "유지"되며, 대항요건을 상실하더라도 대항력과 우선변제권은 소멸되지 아니한다. ② 차후 임차인: 등기명령집행에 따른 등기 "이후"에 임차한 임차인은 "최우선" 변제권이 인정되지 않는다(다만, 확정일자에 의한 우선변제권 등은 인정된다). ③ 임대인의 보증금 반환이 선(先)이행 의무: 임대인의 임대차보증금 반환의무는 임차인의 임차권 등기 말소의무보다 먼저 이행되어야 할 의무이다(판례).
임차권 승계 제도	〈사실혼 배우자의 임차권의 승계제도: 주택임대차에만 적용〉 ① 동거 상속인(가정공동생활) ⇨ 단독 상속 ② 상속권자가 없는 경우 ⇨ 사실혼자가 단독승계(임차인이 상속권자 없이 사망한 경우 그 주택에서 가정공동생활을 하던 사실상의 혼인관계에 있는 자는 임차인이 사망한 후 '1개월 이내'에 임대인에 대하여 반대의사를 표시하지 않는 한, 임차인의 권리와 의무를 승계한다) ③ 비동거 상속인 ⇨ 2촌 이내 친족과 사실혼자가 공동으로 승계
보증금 증액 제한	① 1/20(5%)을 초과할 수 없다. ② 증액 후 1년 이내에는 증액이 제한된다. ③ (「주택임대차보호법」) 다만, 특별시 · 광역시 · 특별자치시 · 도 및 특별자치도는 관할구역 내의 지역별 임대차 시장 여건 등을 고려하여 본문의 범위에서 증액청구의 상한을 조례로 달리 정할 수 있다. ④ 보증금 증액 제한규정은 임대차 계약의 '존속 중' 당사자 일방이 약정한 차임 등의 증감을 청구한 때에 한하여 적용되고, 임대차 계약이 '종료'된 후 재계약을 하거나 또는 임대차계약 종료 전이라도 당사자의 '합의'로 차임 등이 증액된 경우에는 적용되지 않는다(대판 2002다23482).
보증금을 월세로 산정시	보증금의 전부 또는 일부를 월 단위의 차임으로 전환하는 경우에는 그 전환되는 금액에 연 10%(연 1할)와 한국은행 공시 기준금리에 2%를 더한 비율 중 낮은 비율을 곱한 월차임의 범위를 초과할 수 없다.
편면적	편면적 강행규정(임차인에게 불리한 특약은 무효)
경매 신청	① 임차권에 기해 (임의)경매신청권은 없다. ② 집행권원(판결문 등)에 기한 강제경매신청은 가능하다. 기출 임차주택에 대하여 경매를 신청하는 경우에는 반대의무의 이행이나 이행의 제공을 집행개시의 요건으로 하지 않는다. (○)

표준 임대차 계약서	'법무부장관'은 국토교통부장관과 협의를 거쳐 보증금, 차임액, 임대차기간, 수선비 분담 등의 내용이 기재된 임대차표준계약서를 정하여 그 사용을 권장할 수 있다.
주택 임대차 위원회	① 최우선변제의 범위와 기준을 마련하기 위하여 주택임대차위원회는 법무부에 두고, '법무부차관'이 위원장이 된다. ② 주택임대차위원회의 구성은 위원장 1인을 포함하여 '9명 이상 15명' 이하로 구성된다.
주택·상가 분쟁 조정 위원회	① '대한법률구조공단'의 지부, 「한국토지주택공사법」에 따른 '한국토지주택공사의 지사 또는 사무소' 및 「한국부동산원법」에 따른 한국부동산원의 지사 또는 사무소에 주택(상가건물)임대차분쟁조정위원회(이하 '조정위원회'라 한다)를 둔다. 특별시·광역시·특별자치시·도 및 특별자치도(이하 '시·도'라 한다)는 그 지방자치단체의 실정을 고려하여 조정위원회를 둘 수 있다. 위원장을 포함하여 5인 이상 30인 이하로 구성된다. ② 분쟁조정위원회는 다음의 사항을 심의·조정한다. <기간 문제, 돈 문제> 　㉠ 차임 또는 보증금의 증감에 관한 분쟁 　㉡ 임대차 기간에 관한 분쟁 　㉢ 보증금 또는 임차주택(임차상가건물)의 반환에 관한 분쟁 　㉣ 임차주택(임차상가건물)의 유지·수선 의무에 관한 분쟁 　㉤ 그 밖에 대통령령으로 정하는 주택임대차(상가건물 임대차)에 관한 분쟁(상가는 권리금에 대한 분쟁도 포함)

주의

주택임차인의 계약갱신요구권

법 제6조의3 【계약갱신요구 등】 ① 제6조에도 불구하고 임대인은 임차인이 제6조 제1항 전단의 기간 이내에 계약갱신을 요구할 경우 정당한 사유 없이 거절하지 못한다. 다만, 다음 각 호의 어느 하나에 해당하는 경우에는 그러하지 아니하다.

1. 임차인이 '2기'의 차임액에 해당하는 금액에 이르도록 차임을 연체한 사실이 있는 경우
2. 임차인이 거짓이나 그 밖의 부정한 방법으로 임차한 경우
3. 서로 합의하여 임대인이 임차인에게 상당한 보상을 제공한 경우
4. 임차인이 임대인의 동의 없이 목적 주택의 전부 또는 일부를 전대(轉貸)한 경우
5. 임차인이 임차한 주택의 전부 또는 일부를 '고의'나 '중대한 과실'로 파손한 경우
6. 임차한 주택의 전부 또는 일부가 멸실되어 임대차의 목적을 달성하지 못할 경우
7. 임대인이 다음 각 목의 어느 하나에 해당하는 사유로 목적 주택의 전부 또는 대부분을 철거하거나 재건축하기 위하여 목적 주택의 점유를 회복할 필요가 있는 경우
　가. 임대차 계약 체결 당시 공사시기 및 소요기간 등을 포함한 철거 또는 재건축 계획을 임차인에게 구체적으로 고지하고 그 계획에 따르는 경우
　나. 건물이 노후·훼손 또는 일부 멸실되는 등 안전사고의 우려가 있는 경우
　다. 다른 법령에 따라 철거 또는 재건축이 이루어지는 경우
8. '임대인'(임대인의 '직계존속·직계비속을 포함'한다)이 목적 주택에 '실제 거주'하려는 경우
9. 그 밖에 임차인이 임차인으로서의 의무를 현저히 위반하거나 임대차를 계속하기 어려운 중대한 사유가 있는 경우

② 임차인은 제1항에 따른 계약갱신요구권을 '1회에 한하여' 행사할 수 있다. 이 경우 갱신되는 임대차의 존속기간은 '2년'으로 본다.

③ 갱신되는 임대차는 전 임대차와 동일한 조건으로 다시 계약된 것으로 본다. 다만, 차임과 보증금은 제7조의 범위에서 증감할 수 있다.

④ 제1항에 따라 갱신되는 임대차의 해지에 관하여는 제6조의2를 준용한다.

> 법 제6조의2 【묵시적 갱신의 경우 계약의 해지】 ① 제6조 제1항에 따라 계약이 갱신된 경우 같은 조 제2항에도 불구하고 임차인은 언제든지 임대인에게 계약해지(契約解止)를 통지할 수 있다.
> ② 제1항에 따른 해지는 임대인이 그 통지를 받은 날부터 '3개월'이 지나면 그 효력이 발생한다.

⑤ 임대인이 제1항 제8호의 사유(주; 임대인 직접 거주)로 갱신을 거절하였음에도 불구하고 갱신요구가 거절되지 아니하였더라면 갱신되었을 기간이 만료되기 전에 정당한 사유 없이 제3자에게 목적주택을 임대한 경우 임대인은 갱신거절로 인하여 임차인이 입은 손해를 배상하여야 한다.

⑥ 제5항에 따른 '손해배상액'은 거절 당시 당사자 간에 손해배상액의 예정에 관한 합의가 이루어지지 않는 한 다음 각 호의 금액 중 '큰 금액'으로 한다.

1. 갱신거절 당시 '월차임'(차임 외에 보증금이 있는 경우에는 그 보증금을 제7조의2 각 호 중 낮은 비율에 따라 월 단위의 차임으로 전환한 금액을 포함한다. 이하 "환산월차임"이라 한다)의 '3개월분'에 해당하는 금액

2. 임대인이 제3자에게 임대하여 얻은 환산월차임과 갱신거절 당시 환산월차임 간 '차액의 2년분'에 해당하는 금액

3. 제1항 제8호의 사유로 인한 갱신거절로 인하여 '임차인이 입은 손해액'

상가건물 임대차보호법

구 분	「상가건물 임대차보호법」
목 적	국민경제생활의 안정
적용 범위	① (사업자등록이 가능한) 상가건물의 임대차에 적용된다. ② 대통령령으로 정한 일정한 환산보증금[보증금 + (월차임 × 100)]을 '초과'하는 임대차는 적용되지 아니한다. ㉠ 서울특별시 : 9억원 ㉡ 과밀억제권역(서울시 제외) 및 부산광역시 : 6억 9천만원 ㉢ 광역시(과밀억제권역에 포함된 지역과 군지역, 부산광역시 제외), 세종특별자치시, 파주시, 화성시, 안산시, 용인시, 김포시 및 광주시 : 5억 4천만원 ㉣ 그 밖의 지역 : 3억 7천만원 ※ 일정한 환산보증금을 초과하여도 적용되는 사항 ♀key 대·권·계·3·표·폐 다만, 대항력, 권리금 보호, 계약갱신요구권(기간 정함 있는 경우), 3기 연체시 해지, 표준임대차계약서 권장제도, 「감염병예방법」에 의한 폐업으로 인한 임차인의 해지권은 환산보증금액에 관계없이 "모든" 상가건물에 적용한다. ③ 법인은 보호된다(외국인 ○). ④ 일시사용을 위한 임대차는 적용되지 않는다.
계약 기간 (존속 기간)	〈1년 보장〉 ① 기간의 미정 및 1년 미만 약정시 : 1년 보장, '임차인'은 1년 미만을 주장할 수도 있다. ② 임대차가 종료한 경우에도 보증금을 반환받을 때까지는 임대차 존속하는 것으로 본다.
계약의 갱신	〈묵시적 갱신(= 법정갱신)〉 ① 임대인이 임차인의 갱신요구기간 내에 갱신거절의 통지를 하지 않은 경우, 종전계약과 동일한 조건으로 법정갱신된다. ② 기간 1년을 보장한다(임차인은 해지통보가능 ⇨ 임대인이 통보를 받은 날로부터 3개월 후 해지). ③ 임차인이 '3기'의 차임액을 연체시에는 임대인은 일방적으로 임대차 계약을 해지할 수 있다.

〈임차인의 계약갱신요구권〉

① 임차인은 기간만료 전 6개월부터 1개월 사이에 계약갱신을 요구할 수 있고, 임대인은 정당한 사유 없이 거절이 불가하다(정당한 사유: 임차인이 '3기'의 차임을 연체, 고의·중과실로 임차건물의 파손, 무단 전대차 등).

② 최초 임대차기간을 포함하여 '10년'의 범위 내에서 갱신을 요구할 수 있다.

③ (동의 받은) 전차인은 임차인을 대위하여 임차인의 보장기간 내에서 대위 행사가 가능하다.

기출 1. 상가임차인이 2기에 달하도록 차임을 연체한 사실이 있는 경우 임대인은 임차인의 계약갱신요구를 거절할 수 있다. (×)

2. 상가건물 임대차의 경우에, 쌍방 합의하에 임대인이 임차인에게 상당한 보상을 제공한 경우에는 임대인은 임차인의 계약갱신요구에 대하여 거절할 수 있다. (○)

대항력	대항요건 = 상가건물의 인도 + 사업자등록(신청) ① 사업자등록 신청: 관할 세무서장 ② '익일' 오전 0시부터 대항력 발생 **기출** 1. 상가건물을 임차하고 '사업자등록'을 마친 사업자가 사실상 '폐업'한 경우, 「상가건물 임대차보호법」상 적법한 사업자등록이라고 볼 수 있다. (×) 2. 임차인이 대항력을 계속 유지하려면 임차상가 건물을 점유하고 사업자등록도 계속 유지하여야 한다. (○)
우선 변제권	① 대항요건 + 확정일자 ② 확정일자: 관할 세무서장 ③ 후순위 물권보다 먼저 배당
최우선 변제권	대항요건 + 소액보증금(보증금의 일정액보호) ① 소액보증금(2022년 현재, 서울특별시): 6천 5백만원 이하의 경우 2천 200만원 한도 ② 상가건물가액(배당금액)의 '1/2 범위 내'에서 가능 ③ 소액 보증금 중 일정액을 선순위 물권보다 더 먼저 배당
보증금 증액 제한	① 5/100(5%)를 초과할 수 없다. ② 증액 후 1년 이내에는 증액이 제한된다.
보증금을 월세로 산정시	보증금의 전부 또는 일부를 월 단위 차임으로 전환하는 경우에는 그 전환되는 금액에 연 12%(연 1할 2푼)와 한국은행 공시 기준금리에 4.5배수를 곱한 비율 중 낮은 비율을 곱한 월차임의 범위를 초과할 수 없다.
상가 권리금 보호	① "국토교통부장관"이 보호: **"국토교통부장관"은 법무부장관과 협의하여 "표준권리금계약서"를 권장할 수 있다.** ② 권리금행사의 방해금지 🔑key 6.종 ㉠ 원칙: "임대인"은 임대차기간이 끝나기 "(6)개월" 전부터 임대차 "종료시"까지(권리금보호기간) 권리금 계약에 따라 임차인이 주선한 신규임차인이 되려는 자로부터 권리금을 지급받는 것을 방해하여서는 아니 된다.

     ⓛ 예외 : ⓐ (기존임차인이 주선한) 신규임차인이 되려는 자가 보증금 또는 차임을 지급할 자력이 없는 경우, ⓑ (기존임차인이 주선한) 신규임차인이 임차인으로서의 의무를 위반할 우려가 있는 경우, ⓒ (임대인이) 상가건물을 "(임대인 변경시에는 전·후 합산기간) (1년 6개월)" 이상 영리 목적으로 사용하지 아니한 경우, ⓓ 임대인이 선택한 "신규임차인"이 임차인과 권리금 계약을 체결하고, 그 권리금을 "지급"한 경우, ⓔ "임차인"이 계약갱신요구를 거절당할 수 있는 사유가 있는 경우 등에는 임대인은 기존임차인이 주선한 신규임차인과 임대차계약을 거절할 수 있다.

③ 손해배상청구권의 소멸시효 🔑key 종·3 : 임대인의 방해 행위로 인하여 손해를 입은 "임차인"은 임대차가 "종료된 날"로부터 "(3)년 이내"에 손해배상을 청구하여야 한다. 이를 하지 아니하면 시효의 완성으로 소멸한다.

④ 손해배상액 : 임대인의 방해로 인한 손해배상액은, 신규임차인이 기존임차인에게 지급하기로 한 권리금(약정권리금)과 임대차 종료 당시의 권리금 중에서 "**(낮은 금액)"을** 넘지 못한다.

⑤ 권리금 규정 배제 : 「유통산업발전법」에 따른 "대규모점포 또는 준대규모 점포의 일부"에 대한 임대차나 "국유재산·공유재산"인 경우에는 권리금 보호 규정이 적용되지 "아니"한다.

⑥ 권리금 보호 인정 : 「전통시장육성법」에 따른 "전통시장"은 권리금 보호규정이 적용된다.

편면적	편면적 강행규정(임차인에게 불리한 특약은 무효)
경매 신청	① 임차권에 기해 (임의)경매신청권은 없다. ② 집행권원(판결문 등)에 기한 강제경매신청은 가능하다.
표준 임대차 계약서	'법무부장관'은 국토교통부장관과 협의를 거쳐 보증금, 차임액, 임대차기간, 수선비 분담 등의 내용이 기재된 상가건물임대차표준계약서를 정하여 그 사용을 권장할 수 있다.
상가건물 임대차 위원회	① 최우선변제의 범위와 기준을 마련하기 위하여 상가건물임대차위원회는 법무부에 두고, '법무부차관'이 위원장이 된다. ② 상가건물임대차위원회의 구성은 위원장 1인을 포함하여 '10명 이상 15명 이하'로 구성된다.

상가
분쟁
조정
위원회
	① '대한법률구조공단'의 지부, 「한국토지주택공사법」에 따른 '한국토지주택공사의 지사 또는 사무소' 및 「한국부동산원법」에 따른 한국부동산원의 지사 또는 사무소에 주택(상가건물)임대차분쟁조정위원회(이하 '조정위원회'라 한다)를 둔다. 특별시·광역시·특별자치시·도 및 특별자치도(이하 '시·도'라 한다)는 그 지방자치단체의 실정을 고려하여 조정위원회를 둘 수 있다. 위원장을 포함하여 5인 이상 30인 이하로 구성된다.
	② 분쟁조정위원회는 다음의 사항을 심의·조정한다.
	  ㉠ 차임 또는 보증금의 증감에 관한 분쟁
	  ㉡ 임대차 기간에 관한 분쟁
	  ㉢ 보증금 또는 임차상가건물의 반환에 관한 분쟁
	  ㉣ 임차상가건물의 유지·수선 의무에 관한 분쟁
	  ㉤ 그 밖에 대통령령으로 정하는 상가건물 임대차에 관한 분쟁(상가는 권리금에 대한 분쟁도 포함)

민사집행법상의 법원경매

① 경매절차

(1) 경매신청 ⇨ (2) 경매등기 ── 경매개시결정 등기 및 송달
(둘 중 먼저 된 시점에서 압류의 효력이 발생)★

(3) 배당요구종기결정 · 공고 ── 첫 매각기일(1차 입찰기일) 이전으로 결정 · 공고

(4) 매각준비
- ① 현황조사(현황조사서) 및 감정평가(감정평가서)
- ② 최저매각가격의 결정
- ③ 물건명세서 작성

신경매

매각기일공고

물건자료 비치 · 열람

유찰

(5) 매각기일(매각)
- ① 매수신청보증금 ⇨ **최저매각가격의 10%(입찰보증금)★**
- ② 최고가매수신고 · 차순위매수신고 결정

불허가

(6) 매각(허 · 부)결정기일
- ① 매각기일로부터 1주 이내 허가 · 불허가 결정★
- ② (결정일로부터) 1주 이내 즉시항고 가능(매각대금의 10% 공탁)★

재경매

(7) 매각 확정 ── **대금납부 기한 지정★**

미납

(8) 대금(잔금)납부
- **기한(1개월 이내)까지 잔금납부★**
- (기일 ×) 미납시에는 재경매
- (9) 배당 ⇨ 배당순서에 따라 배당
   - 최우선변제권, 우선변제권 등을 고려

(10) 소유권이전등기

(11) 인 도
- ① 인도명령 : 대항력 없는 자(6개월 이내)
- ② 명도소송 : 대항력 있는 자(6개월이 경과한 인도명령대상자), 유치권자 등

경매 종류	법원경매는 그 집행근거에 따라 채권에 대한 집행권원(채무명의)을 근거로 하는 강제경매와 (담보)물권을 근거로 하는 임의경매(담보권 실행을 위한 경매)로 나눌 수 있으며, 또한 다시 하는 경매를 그 원인에 따라 재경매와 신경매로 나눌 수 있다. ① 강제경매 : 집행권원(채무명의)에 기초(판결문에 기한 경매 등) ② 임의경매 : 담보물권에 기초(저당권에 기한 경매 등) ③ 신경매 : 유찰시(최저가 저감), 불허가결정시 다시 하는 경매 ④ 재경매 : 매각대금 미납시 다시 하는 경매 　**기출** 재매각절차에는 종전에 정한 최저매각가격, 그 밖의 매각조건을 적용한다. (○)
경매개시 결정	① 채무자에게 송달 및 경매개시등기 　㉠ 송달이나 등기 중, 둘 중 '먼저' 된 시점에 '압류'효력이 발생한다. 　㉡ 압류효력이 발생된 이후에 성립된 유치권은 낙찰자에게 대항할 수 없다. 압류효력이 발생된 이후의 소액임차인은 선순위 권리자에 대하여 최우선변제권을 행사할 수 없다. 　**기출** 1. 압류는 채무자에게 경매개시결정이 송달하고, 결정개시결정 등기가 모두 된 시점에서 효력이 발생한다. (×) 　　　2. 경매신청이 취하되면 압류의 효력은 소멸된다. (○) ② 미등기건물(소유권보존등기가 없는 신축건물)도 경매신청이 가능하다. ③ 경매신청자가 배당받을 가망이 없으면 매각하지 아니한다.
배당요구	① 채권자들이 배당요구 : 배당요구종기는 첫 매각기일 이전의 날로 법원에서 결정한다. ② 배당요구종기가 지난 후, 매수인의 부담이 달라지는 경우에는 철회를 할 수 없다. ③ 당연배당자 : **☞key** 등·신 경매개시결정등기 전에 '등기'된 자이거나, 경매신청을 한 자는 배당요구가 없어도 당연히 배당을 받는다. ④ '미등기' 임차인 : 배당요구하지 않으면 배당받을 수 없다. 후순위자에게 부당이득반환을 청구할 수도 없다. 배당이의를 제기할 수도 없다.
준 비	현황조사, 감정평가, 최저가(최저매각가격) 결정, 물건명세서를 작성·비치한다.
매각기일	① 매각방법 : 기일입찰(1기일 2입찰 가능), 기간입찰, 호가경매 중에서 "집행법원"이 정한 매각방법에 따른다. <경매신청인이 결정 ×> ② 매수인들은 입찰표를 작성하고 입찰보증금(매수신청보증금)과 함께 입찰함에 투입하여 입찰한다. ③ 매수신청보증금 : 최저매각가격의 10%(수표, 보증증서 등)이다. 　**기출** 기일입찰에서 매수신청의 보증금액은 매수신청가격의 10분의 1로 한다. (×) ④ 법원은 최고가매수인과 차순위매수신고인을 결정한다. 　㉠ 최고가매수신고를 한 사람이 2 이상인 경우, 그들만의 입찰(추가입찰)을 하여 결정한다. 　㉡ 입찰자는 종전의 입찰가격에 못 미치는 가격으로 입찰할 수 없다. 　㉢ 추가입찰에서도 다시 두 사람 이상이 최고가격으로 입찰한 때에는 추첨으로 최고가매수신고인을 정한다.

② 차순위매수신고인은 '최고가'에서 입찰'보증금'을 '뺀' 금액보다 더 높은 가격으로 입찰한 자이어야 한다(최고가 매수신고인이 대금지급기한까지 의무를 이행하지 아니하면 자신에게 매각을 허가해 달라는 신고). **key** 최보뺀 가격초과

⑩ 차순위매수신고를 한 사람이 둘 이상인 때에는 신고한 매수가격이 높은 사람을 차순위매수신고인으로 정한다. 신고한 매수가격이 같은 때에는 추첨으로 차순위매수신고인을 정한다.

⑤ 유찰시: 최저매각가를 저감하여 다시 신경매(신매각)를 한다.

경매참가	가능	① 채권자, ② 담보권자, ③ 채무자의 가족, ④ 임의경매의 물상보증인
	불가능	① 제한능력자(미성년자, 피한정후견인, 피성년후견인) ② 채무자·소유자(강제경매) ③ 재경매시 전 경락자 ④ 집행관 및 그 친족, 입찰부동산을 평가한 감정인 및 그 친족 ⑤ 경매법원을 구성하는 법관 및 법원의 직원 ⑥ 경매 관련 유죄판결 받고 그 판결확정일로부터 2년이 경과되지 아니한 자 * 입찰 참여할 수 없는 자가 매수 신고를 한 경우는 매각불허가결정이 된다.
매각결정기일		① 매각에 대한 허가·불허가 결정은 매각기일로부터 '1주 이내'에 한다. ② 불허가 결정시: 법원은 다시 신경매(가격저감은 하지 아니한다)하며, 보증금은 몰취된다. 입찰참여 불가자, 농지취득자격증명 제출을 못하면 불허가 결정된다(농지취득자격증명은 매각결정기일까지 제출하여야 한다). **기출** 경매 농지의 최고가매수신고인인 경우, 농지취득자격증명을 매각기일까지 제출하여야 매각허가결정을 받을 수 있다. (×) ③ 매각허부에 대하여 이해관계인은 '1주 이내'에 즉시 항고할 수 있다. ④ '매각허가' 결정에 대한 '항고': 매각대금(최고가)의 10%를 현금 또는 유가증권으로 공탁해야 한다[채무자, 소유자는 기각시 몰취. 그 외의 자는 반환(법정이율은 제외)].
대금납부		① 매수인은 대금지급'기한(1개월 이내)'까지 납부, 기한 내에 납부하면 '대금납부시'에 소유권을 취득한다. **기출** 1. 매각허가결정이 확정되면 법원은 대금지급'기일'을 정하여 매수인과 차순위매수신고인에게 통지하고, 매수인은 그 기일에 매각대금을 지급하여야 한다. (×) 2. 매수인은 소유권이전등기가 촉탁된 때에 권리를 취득한다. (×) ② 미납시: 재매각(가격저감 ×)한다(차순위매수신고인이 있는 경우에는 차순위매수신고인에게 매각허가). ③ 재매각기일 3일 전까지 대금 및 연체이자 납부시 재매각은 취소된다.
소유권이전등기		① 소유권이전등기와 관계없이 대금완납으로 낙찰자는 소유권을 취득한다. ② 등기비용은 매수인(낙찰자)이 부담한다.

기출 법원경매를 통하여 토지거래허가구역 이내의 농지를 취득하고자 하는 경우 토지거래허가를 받아야 한다. (×)

② 경매의 권리분석

(+) 인수	말소기준권리보다 선순위의 지상권, 지역권, 전세권, '대항력'을 갖춘 임차권 등은 인수된다.	① 말소기준권리보다 더 선순위의 '전세권'이 '배당요구'를 한 경우에는 '소제'된다. ② 말소기준권리보다 더 선순위의 '대항력'을 갖춘 임차권이 우선변제권을 행사하여 법원에 배당요구를 하였으나, 일부 배당을 받지 못한 '잔액'에 대하여는 '낙찰자'에게 대항할 수도 있다. ③ 후순위 임차인(또는 후순위 전세권자)이 선순위 저당권(저당채권)을 '대위 변제'하면, 인수되는 경우도 있다.
말소 기준권리	저당, 근저당, 압류, 가압류, 담보가등기, 경매개시결정등기는 말소기준권리이며, 말소기준권리는 항상 소제된다.	말소기준권리가 여러 개가 있으면 그중에서 '최선순위'가 '최종말소기준권리'가 된다.
(−) 소제	말소기준권리보다 후순위의 지상권, 지역권, 전세권, '대항요건'을 갖춘 임차권 등은 소제된다.	(경매등기 이전) 유치권, 법정지상권, 분묘기지권은 순위에 관계없이 인수된다.

기출 1. 매각부동산 위에 설정된 모든 저당권은 매각으로 소멸된다. (○)
2. 담보가등기권리는 그 부동산의 매각에 의하여 소멸된다. (○)
3. 담보목적이 아닌 최선순위 소유권이전등기청구권의 보전의 가등기는 매각으로 소멸하지 않는다. (○)
4. 전세권은 압류채권, 가압류채권에 대항할 수 없는 경우에는 매각으로 소멸된다. (○)
5. 경매등기 이전에 성립된 유치권은 매수인에게 인수된다. (○)
6. 유치권자는 매수인에 대하여 그 피담보채권의 변제가 있을 때까지 유치목적물인 부동산의 인도를 거절할 수 있을 뿐이고, 그 피담보채권의 우선 변제를 청구할 수는 없다. (○)
7. 압류의 효력이 발생한 후에 경매목적물의 점유를 취득한 유치권자는 매수인에게 대항할 수 없다. (○)

주의
1. '보전가등기'나 '가처분'등기는 말소기준보다 선순위는 인수되며, 말소기준보다 후순위는 소제된다.
2. '대위변제'로 인해 인수되는 경우 : 저당권 − 전세권(또는 대항요건을 갖춘 임차권) − 저당권의 순서인 경우, 2순위 전세권(또는 대항요건을 갖춘 임차권)자가 선순위 저당권을 대위변제(代位辨濟)로 소멸시킨 경우에는 전세권(또는 대항요건을 갖춘 임차권)은 소멸되지 아니하고 낙찰자(매수인)에게 인수된다.
3. 가압류 뒤에 저당권(근저당권)이 있는 경우에는 가압류와 저당권(근저당권)은 동순위로 안분배당을 한다.
4. 가압류 뒤에 전세권(확정일자 임차권)이 있는 경우에는 가압류와 동순위로 안분배당을 한다.

Thema 40 | 매수신청대리(대법원규칙)

① 기본 개념

개업공인중개사는 법원경매물건의 알선과 입찰(매수신청)을 대리할 수 있으며, 특히 '법원경매' 물건의 입찰을 '대리'하는 것을 '업'으로 하기 위해서는 일정한 요건을 갖추어, 지방법원장에게 매수신청 대리인으로 등록을 하고, 감독을 받아야 한다.

② 매수신청대리인

등록기관	법원경매물건에 대한 매수신청(입찰신청)을 대리하여 낙찰을 받아 매수하게 하고, 그 대가로 경매보수를 받는 매수신청(입찰신청)대리업을 하고자 하는 '개업공인중개사(부칙상 개업공인중개사는 제외)'는 중개사무소(법인인 개업공인중개사의 경우 주된 중개사무소)가 있는 곳을 관할하는 '지방법원장'에게 매수신청(입찰신청)대리업자로 등록해야 한다. **기출** 1. 매수신청대리인 등록은 법원행정처장에게 하여야 한다. (×) 　　　2. 소속공인중개사도 매수신청대리인 등록을 할 수 있다. (×)
등록요건	① (경매)실무교육을 수료할 것, '법원행정처장'이 지정하는 교육기간에서 신청일 전 1년 이내 　**기출** 매수신청대리인 등록을 하고자 하는 자는 등록신청일 전 1년 이내에 지방법원장이 실시하는 경매에 관한 실무교육을 받아야 한다. (×) ② 업무보증을 설정할 것(보증보험, 공제, 공탁), 업무보증금은 공인중개사인 개업공인중개사는 2억원 이상, 법인인 개업공인중개사는 4억원 이상(분사무소는 2억원 이상 추가 설정) 　**기출** 손해배상책임 보장을 위한 업무보증은 경매 매수신청대리인 등록의 요건이다. (○) ③ 공인중개사인 개업공인중개사이거나 법인인 개업공인중개사일 것(부칙상 개업공인중개사는 제외) 　**기출** 공인중개사는 중개사무소 개설등록을 하지 않으면, 매수신청대리인으로 등록할 수 없다. (○) ④ 매수신청 대리업의 등록 결격사유가 없을 것

결격사유	① 매수신청대리인 등록이 취소된 후 3년이 지나지 아니한 자(단, 중개업 폐업으로 대리업 등록이 취소된 경우는 제외한다) ② 업무정지기간이 지나지 아니한 자 ③ 법인인 개업공인중개사의 업무정지사유가 발생한 당시의 사원 또는 임원이었던 자(업무정지기간 동안 결격) ④ 결격사유에 해당하는 자가 사원 또는 임원으로 있는 법인인 개업공인중개사 ⑤ 민사집행절차에서의 매각에 관하여 유죄판결을 받고 그 판결확정일부터 2년이 지나지 아니한 자
등록신청	등록처리기간: 14일 이내
업무범위 (7가지)	♀key 뽀뽀, 차차, 우선, 우선, 입찰 ① 〈보〉「민사집행법」의 규정에 따른 매수신청 "**보증**"의 제공 ② 〈보〉 매수신청의 "**보증**"을 돌려 줄 것을 신청하는 행위 ③ 〈차〉 "**차순위**"매수신고 ④ 〈차〉 "**차순위**"매수신고인의 지위를 "**포기**"하는 행위 ⑤ 〈우선〉 공유자의 "**우선**"매수신고 ⑥ 〈우선〉「임대주택법」상의 임차인의 임대주택 "**우선**"매수신고 ⑦ 〈입찰〉 "**입찰표**"의 작성 및 제출 　♀ 비교: 허가·불허가결정의 항고 ×, 인도명령의 신청 ×, 명도소송의 대리 ×, 채권자의 강제경매신청 취하에 대한 동의 × 기출 1. 매수신청대리인으로 등록된 개업공인중개사가 매수신청대리의 위임을 받은 경우, 「민사집행법」에 따른 공유자의 우선매수신고를 할 수 있다. (○) 　　2. 매수신청대리인으로 등록된 개업공인중개사는 「민사집행법」 규정에 따른 차순위매수신고를 대리할 수 있다. (○) 　　3. 매수신청대리인으로 등록된 개업공인중개사는 공장저당법에 따른 공장재단을 매수신청 대리할 수 있다. (○)
업무수행	〈매수신청대리행위〉 ① 대리행위를 함에 있어서 대리권증명서면(위임인의 인감증명서가 첨부된 '위임장' + '대리업등록증' 사본)을 제출하여야 한다. ♀key 미위·대 ② 매각장소(집행법원)에 개업공인중개사는 '직접' 출석하여야 한다. 법인인 개업공인중개사는 대표자가 직접 출석하여야 한다(실무교육은 법인은 '대표자'만 수료하면 된다). 기출 개업공인중개사는 매수신청대리행위를 함에 있어서 소속공인중개사가 대행할 수 있다. (×)
게시의무	① 등록증, 보증증서, 보수율표를 게시하여야 한다. ② 위반시 '상대적 업무정지'사유이다.

신고의무	① 사유 발생일로부터 '10일' 이내에 지방법원장에게 신고하여야 한다. ② 신고사항: 사무소 이전신고, 중개업의 휴업·폐업, 자격취소, 자격정지, 등록취소, 업무정지, 분사무소 설치신고. ③ 위반시 '상대적 업무정지'사유이다.
사건카드 작성	① 위임을 받으면 '사건카드'를 작성하고 서명·날인(중개업에서 등록한 인장을 사용) 후 '5년'간 보관하여야 한다. ② 사건카드에는 사건번호, 카드의 일련번호, 위임받은 연월일, 보수액, 위임인의 주소 등을 기재하여야 한다.
확인·설명의무	① 성실·정확하게 설명하고 설명의 근거자료를 제시하여야 한다. ② 설명사항: 대상물의 표시('기본적'인 사항) 및 '권리'관계, 법령상의 제한사항('공법'상 제한), 대상물의 '경제적' 가치, 소유권을 취득함에 따라 '부담'·'인수'하여야 할 권리 등 🔑key 기·권·공법·경제·부인 [기출] 개업공인중개사가 매수신청대리를 위임받은 경우, 대상물의 '경제적 가치'에 대하여 위임인에게 설명해야 한다. (○) ③ 위임계약체결시 '확인·설명서'를 작성·교부, 사건카드에 철을 하여 '5년'간 보관하여야 한다.
금지행위	매수신청대리인으로 등록을 한 개업공인중개사는 다음 어느 하나의 행위를 해서는 아니 된다. 위반시 관할 지방법원장은 매수신청대리업의 등록을 취소할 수 있다. ① 이중으로 등록을 한 행위(이중등록) ② 매수신청대리인이 된 사건에 있어서 매수신청인으로서 매수신청을 하는 행위(자기입찰) ③ 동일 부동산에 대하여 이해관계가 다른 2인 이상의 대리인이 되는 행위(이중대리) [기출] 매수신청대리인으로 등록한 개업공인중개사는 동일 부동산에 대하여 이해관계가 다른 2인 이상의 대리인이 되는 행위를 하여서는 아니 된다. (○) * 판례: 이중으로 입찰을 대리한 행위는 모두 '무효'이다. ④ 명의대여, 등록증 양도 또는 대여 행위 ⑤ 「형법」상의 경매·입찰방해죄에 해당하는 행위 ⑥ 사건카드, 확인·설명서를 허위 기재하거나 필수적 기재사항을 누락하는 행위 ⑦ 기타 타법에서 금지하는 행위
명칭표시 주의	매수신청 대리인 등록을 한 개업공인중개사는 그 사무소의 명칭이나 간판에 고유한 "지명", "법원의 명칭"이나 "휘장" 등을 표시하여서는 아니 된다(단, 법원행정처장이 인정하는 특별한 경우는 제외).
등록취소	① **절대적 등록취소사유**(등록의 결격사유, 폐업, 중개업 등록취소, 자격취소, 등록 당시 기준미달, 등록 당시 결격)가 발생되면 '지방법원장'은 대리업 등록을 취소'하여야' 한다. ② **상대적 등록취소사유**(등록 후 기준미달, 등록 후 결격, 확인·설명서 미교부나 미보존, 사건카드 미작성이나 미보존, 보수 초과, 최근 1년 이내 2회 이상 업무정지 후 다시 업무정지사유 등)가 발생되면 '지방법원장'은 대리업 등록을 취소'할 수' 있다.

업무정지	① **절대적 업무정지사유**(중개업 휴업·업무정지, 자격정지, 상대적 등록취소사유)가 발생되면 '지방법원장'은 업무정지처분을 '하여야' 한다. ② **상대적 업무정지사유**(게시의무 위반, 인장 위반, 신고의무 위반 등)가 발생되면 '지방법원장'은 업무정지처분을 '할 수' 있다. ③ 업무정지기간은 1개월 이상 2년 이하이다. 기출 매수신청대리인에 대한 업무정지기간은 1개월 이상 '2개월' 이하로 한다. (×)
표시제거	① 등록취소: 대리업무에 관한 표시를 "제거"하여야 한다. ② 업무정지: 업무정지 사실을 해당 중개사무소의 출입문에 "표시"하여야 한다.

주의

경매보수와 영수증

1. 매수신청대리 보수

① 매각허가결정이 확정되어 매수인으로 된 경우: 감정가의 1% 이하 또는 최저매각가격의 1.5% 이하의 범위 안에서 당사자의 합의에 의하여 결정한다.

② 최고가매수신고인 또는 매수인으로 되지 못한 경우: **50만원의 범위 안에서 당사자의 합의에 의하여 결정한다**(권리분석료 50만원 범위 내 협의. 원거리 교통비 등 특별실비는 30만원 범위 내 협의).

2. 사전 설명의무

개업공인중개사는 매수신청대리 등의 보수 요율과 **보수에 대하여 이를 위임인에게 '위임계약 전'에 설명하여야 한다.**

3. 영수증 작성·교부의무

① 개업공인중개사는 매수신청대리 등의 보수를 받은 경우 예규에서 정한 서식에 의한 **영수증을 작성하여 서명·날인한 후 위임인에게 교부하여야 한다**(보관규정은 없음에 유의).

② 영수증의 서명·날인에는 「공인중개사법」에 의하여 등록관청에 등록한 인장을 사용하여야 한다(**대리업의 별도의 인장등록은 없다**).

4. 보수지급시기

보수 지급시기는 약정이 있으면, 약정시기에 받는 것이며 약정시기가 없는 경우에는 "매각대금의 지급기한일"로 한다.

집합건물의 소유 및 관리에 관한 법률

구 분	집합건물법의 주요내용
구분 소유권	① 구조상 · 이용상 '독립성'이 있어야 하고, '구분행위(구분의사)'가 있어야 한다. ② 집합건축물대장에 등록되지 '않더라도(구분등기가 없더라도)' 구분소유가 성립할 수 있다.
전유부분	전유부분은 구분소유권의 목적인 건물부분을 말한다.
공용부분	① 공유자는 공용부분을 그 '용도'에 따라 사용할 수 있다. ② 공용부분의 '비용'부담은 전유부분의 '지분비율'(전유 면적비율)에 따른다. ③ 집합건물의 구조상 공용부분은 '시효취득'의 대상이 될 수 '없다'. ④ 공용부분은 구분소유자 '전원'의 공유에 속한다(원칙). 다만, "일부"의 구분소유자만이 공용하도록 제공되는 것임이 명백한 공용부분은 "그들" 구분소유자의 "공유"에 속한다(예외). ⑤ 구조상 '공용부분(복도 · 계단 등)'의 지분은 그 전유부분의 처분에 따르며, 전유부분과 분리하여 공용부분에 대한 지분만을 따로 처분할 수는 '없다'. 규약으로 달리 정할 수도 '없다'(처분의 '절대적' 일체성).
대지 사용권	① 원칙 : 구분소유자는 그가 가지는 전유부분과 '분리'하여 대지사용권을 '처분'할 수 '없다'(처분의 일체성). ② 예외 : '규약'이나 '공정증서'로 달리 정하는 경우에는 예외적으로 분리처분이 가능하다. ③ 분할금지 : 대지 위에 구분소유권의 목적인 건물이 있을 경우, 대지의 공유자는 그 '건물'의 사용에 필요한 범위의 '대지'에 대하여 '분할'을 청구하지 '못 한다'.
관리단	① 관리단은 "구분소유자" '전원'으로 당연히 구성된다. ② 분양대금 완납한 '수분양자'도 구성원 가능하다(분양자 측 사정으로 소유권 이전등기가 안 된 경우).
관리인	① 구분소유자가 "10인" 이상일 때에는 관리단을 '대표'하고 관리단의 사무를 집행할 "관리인"을 선임하여야 한다. ② '관리인'은 구분소유자일 필요가 "없다". 임기는 2년의 범위에서 규약으로 정한다. ③ 관리단집회는 구분소유자 '전원'이 '동의'하면 소집절차(집회일 1주 전에 통지)를 거치지 않고 소집할 수 있다.
관리 위원회	① 관리단에는 규약으로 정하는 바에 따라 관리위원회를 '둘 수' 있다. 관리위원회는 관리인의 사무집행을 감독한다. ② '관리인'은 규약에 달리 정한 바가 없으면 관리위원회 위원이 될 수 '없다'.

특별 승계인	① 규약 및 관리단집회의 결의는 구분소유자의 특별승계인에 대하여도 효력이 있다. ② '공용부분' 관리비는 특별승계인에게 승계된다. 다만, 공용부분 관리비에 대한 "연체료"는 특별승계인에게 승계되지 "아니"한다(전유부분 관리비도 당연히 승계되지 않음).
재건축	① 재건축 결의는 구분소유자의 "5분의 4" 이상 및 의결권의 "5분의 4" 이상의 결의에 따른다 (다만, 「관광진흥법」에 따른 휴양 콘도미니엄은 구분소유자의 3분의 2 이상 및 의결권의 3분의 2 이상의 결의). ② 재건축 결의는 '서면결의'가 가능하다. ③ "재건축 비용"의 분담에 관한 사항은 본질적인 부분이며, 이를 정하지 아니한 결의는 특별한 사정이 없는 한 "무효"이다.

제37회 공인중개사 시험대비 **전면개정**

2026 박문각 공인중개사
김상진 필수서 **2차** 공인중개사법·중개실무

초판인쇄 | 2025. 12. 1. **초판발행** | 2025. 12. 5. **편저** | 김상진 편저
발행인 | 박 용 **발행처** | (주)박문각출판 **등록** | 2015년 4월 29일 제2019-000137호
주소 | 06654 서울시 서초구 효령로 283 서경빌딩 4층 **팩스** | (02)584-2927
전화 | 교재 주문 (02)6466-7202, 동영상문의 (02)6466-7201

저자와의
협의하에
인지생략

정가 20,000원
ISBN 979-11-7519-499-1